Etiquette & Manner

성공적인 대인관계를
위한 첫걸음

에티켓과 매너

이정학 · 김정옥 공저

기문사
www.kimoonsa.co.kr

머리말

미국 컬럼비아대학의 MBA 과정에서 기업 CEO들을 상대로 '성공에 가장 큰 영향을 준 요인'을 물었을 때 응답자의 93%가 '대인관계 매너'를 꼽았다고 한다. 그 정도로 비즈니스에 있어 매너는 성공적인 직장생활을 위한 필수조건이라고 할 수 있다.

특히 현대사회가 점점 복잡해지고 개인과 개인, 기업과 기업, 국가와 국가 간의 교류가 빈번해지면서 지켜야 할 에티켓과 매너의 중요성이 높아가고 있다. 이와 같은 에티켓과 매너는 일상생활에서 뿐만 아니라 서비스업체 및 비즈니스 현장에서, 해외여행 및 공공장소에서 등에서 자연스럽게 표출되어야 하는 개인의 필수 덕목이자 능력으로 간주되고 있다.

그러나 에티켓과 매너를 보여주지 못해 서비스업 현장에서는 고객이 불만족을 느끼고, 비즈니스 현장에서는 계약이 이루지지 않으며, 해외여행에서는 어글리 코리언(ugly Korean)이라는 불명예스러운 사건도 발생하고 있다. 따라서 본서는 세련된 에티켓과 매너를 익혀 자신의 품위를 높이고, 좋은 인간관계를 유지하여 성공적인 삶과 비즈니스를 이끌 목적으로 편찬하게 되었다. 본서의 개략적인 내용을 소개하면 다음과 같다.

제1장 에티켓과 매너의 개요에서는 에티켓과 매너의 개념과 동 · 서양의 차이점을 언급하였고, **제2장 직장생활과 예절**에서는

직장인으로서 지켜야 할 에티켓과 매너를 소개하여 성공적인 직장인이 되도록 하였다. **제3장 고객접객 에티켓과 매너**에서는 서비스업체에서 요구되는 에티켓과 매너의 지침을 마련하였으며, **제4장 비즈니스 에티켓과 매너**에서는 비즈니스 현장에서 갖추어야 할 에티켓과 매너를 소개하여 성공적인 비즈니스를 유도하도록 하였다. **제5장 교통수단 에티켓과 매너**에서는 운전자뿐만 아니라 교통수단에서의 에티켓과 매너를 수록하였고, **제6장 공공예절**에서는 문화시민으로서 갖추어야 할 공공 에티켓과 매너를 소개하였으며, **제7장 해외여행 에티켓과 매너**에서는 해외에서 관광객이 지켜야 할 에티켓과 매너를 소개하여 어글리 코리언이 되지 않도록 하였다. 그리고 **제8장 테이블 매너에서는 해외여행**에서, 혹은 외국인과 교류에서 양식을 접할 경우 세련되고 품위 있게 먹을 수 있도록 식사 에티켓과 매너를 소개하였고, **제9장 세계 각국 문화와 관습의 이해**에서는 세계 각국의 문화와 관습을 이해함으로써 성공적인 비즈니스 창출과 문화적 충격을 해소하도록 하였다.

아무쪼록 본서를 통하여 국내외 여러 현장에서 세련되고 품위 있는 에티켓과 매너를 발휘하여 성공적인 삶을 영위하는데 조금이라도 도움이 되었으면 한다. 에티켓과 매너를 알고 실천하는 순간 당신은 멋진 삶을 살기 시작하였으며, 현대사회에서 절반의 성공을 거둔 셈이다. 끝으로 본서를 소중하게 출간해준 기문사 사장님 이하 직원들에게 감사의 말을 전하고 싶다.

2016년 2월

저자 일동

C·o·n·t·e·n·t·s

차례

제1장

에티켓과 매너의 개요

1. 에티켓과 매너 의의
2. 동 · 서양의 에티켓과 매너

제1장

에티켓과 매너의 개요

1 에티켓과 매너 의의

1.1 에티켓과 매너의 정의

서양의 예절이나 예법을 흔히 에티켓(etiquette)과 매너(manner)라고 하는데 웹스터(Webster' s) 사전에서는 이 용어에 대하여 다음과 같이 각각 정의하고 있다.

etiquette(에티켓) :

❶ the forms, manners, and ceremonies established by convention as acceptable or required in society, in a profession, or in official life(사회, 직업 또는 공식적인 삶에서 인정할만하거나 요청되는 것으로 관습에 의하여 수립된 형식, 매너, 의식 등)

❷ the rules for such forms, manner, and ceremonies(위에서 언급된 형식, 매너, 의식을 위한 규범)

manner(매너) :

❶ ways of social life ; prevailing social conditions or customs(사교적 삶의 방식 : 통용되는 사교적 조건 또는 관습)

❷ ways of social behavior(사교적 행동의 방식)

이와 같이 에티켓은 형식(form)과 규범(rule)을 갖추는 것으로 예법의 의미가 강하며, 유무를 가릴 때(예 : 에티켓이 "있다" 또는 "없다")와 준수하라(예 : "에티켓을 지켜라")는 용도로 사용되는 말이다. 이에 반해 매너는 사교적으로 통용되는 조건, 관습, 행동양식 등의 방식(ways)으로서 예의라는 의미가 강하며, 매너가 "좋다" 또는 "나쁘다"와 같이 평가할 때 쓰는 말이다. 즉 에티켓은 사람들 사이의 합리적인 행동기준을 말할 때 사용되고, 이러한 에티켓을 바탕으로 표현되는 행동방식을 매너라고 할 수 있다.

예를 들어 어른을 보면 인사를 한다는 것이 에티켓이고, 인사를 구체적으로 상냥하게 잘 하는 것은 매너이다. 또한 에티켓은 개인의 기본적인 언행과 품위 그 자체이나, 매너는 인간 상호관계에서 발생되는 것으로 상대적이라고 할 수 있다.

〈표 1-1〉 에티켓과 매너의 구분 사례

사례	에티켓	매너
여성이 차를 탈 때	차문을 열어주는 것	차문에 머리가 부딪히지 않도록 손을 대주는 것
엘리베이터를 탈 때	문 열림 버튼을 눌러 탈 수 있도록 도와주는 것	층수를 물어보고 눌러 주는 것
여성이 착석할 때	여성이 먼저 착석하도록 권유하는 것	쉽게 앉을 수 있도록 의자를 빼주고 밀어주는 것

그런데 에티켓과 매너는 간혹 그 경계가 애매모호하고, 구분이 잘 안 되는 경우가 있다. 그래서 에티켓을 "good manner"라고 하여 매너와 구분 없이 사용하기도 한다.

1.2 에티켓의 유래와 역사

에티켓의 유래는 정확히 알 수 없지만, 프랑스 고어 에스티키에(estiquier; 붙이다)라는 용어에서 유래되었고, 프랑스 루이 14세(1638-1715년) 때 베르사유(Versilles) 궁전과 관련되어 있는 것으로 전해져 오고 있다. 당시 베르사유 궁정에 신하들이 화장실을 이용하지 않고 가까운 정원 잔디에 들어가 자주 용변을 보자 당시 정원사가 정원을 밟거나 더럽히지 않도록 주의 푯말을 붙였고, 또한 베르사유 궁정의 화원에 어느 몸가짐이 나쁜 사람이 들어가 아름다운 꽃을 밟아버린 사건이 생기자 화원 주변에 출입금지라는 뜻으로 말뚝을 박아버렸다. 결국 에티켓은 베르사유 궁전 곳곳에 "지켜라, 준수하라"라는 의미의 푯말을 붙이게 된데서 유래되었다고 할 수 있다.

이후 베르사유 궁전에 들어가는 사람에게 표(ticket)가 주어졌고, 그 표에는 각국 주요 대사의 순위, 그에 수반하는 예식의 절차 궁전 안에서 조심할 사항이나 예의범절이 적혀 있었는데 이것이 오늘날 에티켓으로 발전하게 된 계기가 된 것이다. 18세기 중엽 영국 사회 내에서도 행동에 대한 규범이 요구되었는데 이것이 에티켓으로 발전하게 된 것이다.

■에티켓의 유래는 프랑스 루이 14세(1638-1715년) 때 베르사유 궁전과 관련되어 있다.

1.3 에티켓과 매너의 필요성 및 중요성

(1) 에티켓과 매너의 필요성

고대 그리스 철학자 아리스토텔레스는 인간은 사회적(정치적) 동물이라고 하였다. 즉 인간은 혼자 살아갈 수 없고, 사회를 이루며 살아가야 한다는 의미이다. 사회의 질서 유지를 위해서는 구성원들이 지켜야하는 행위준칙 즉 사회적 규범이 필요한데, 크게 법률적 규범과 도덕적 규범으로 구분할 수 있다. 법률적 규범이란 인간의 행위를 법으로 통제하여 사회질서를 유지하는 것으로 명문화 되어 있고, 강제성을 띠고 있는 규범을 말하며, 도덕적 규범이란 한 사회의 풍습과 관습으로 굳어진 규범으로서 강제성은 없지만 사회적으로 요구되는 행위준칙을 말한다. 예를 들어 도덕적 규범의 경우 우리나라는 유교문화국가로서 효(孝)와 예(禮)를 중시하는 규범을 가지고 있는데, 법적 강제성은 없지만 이를 따르지 않을 경우 사회적 지탄을 받게 되는 것이다. 결국 에티켓과 매너는 도덕적 규범이라고 할 수 있다.

(2) 에티켓과 매너의 중요성

인생은 만남의 연속이다. 사람과 사람 간에는 기본적으로 지켜야 할 룰(rule)과 관습이 있는데, 그것이 곧 예절 즉 에티켓과 매너이다. 특히 현대사회가 점점 복잡해지고 개인과 개인, 기업과 기업, 국가와 국가 간의 교류가 빈번해지면서 지켜야 할 에티켓과 매너의 중요성이 높아지고 있다. 이와 같은 에티켓과 매너는 일상생활에서 뿐만 아니라 서비스업체 및 비즈니스 현장에서, 해외여행 및 공공장소에서 등에서 자연스럽게 표출되어야 하는 개인의 필수 덕목이자 능력으로 간주되고 있다.

국제적인 에티켓과 매너를 익히게 되면 다른 문화와 접했을 때 발생할 수 있는 문화적 충격(cultural shock)을 완화할 수 있고, 대인관계 및 비즈니스를 성공적으로 이끌 수 있다. 또한 에티켓과 매너는 성공적인 직장생활을 영위하게 할 뿐만 아니라 서비스업체에서는 고객만족 및 매출증대에도 큰 역할을 한다.

세계 각국은 저마다의 전통문화와 관습이 있고, 에티켓도 다양하지만 국제화시대에는 서양문화가 에티켓의 주류를 이루고 있는 것은 엄연한 사실이다. 예를 들어 양복은 이미 전 세계인의 비즈니스 복장으로 자리 잡았고, 영어는 세계 공통어가 되어 있는 실정이며, 국제간의 의전이나 에티켓은 서양의 문화를 기조로 하고 있다. 그러나 각국의 전통, 사상, 문화 등을 무시해서는 안 되며, 존중해 주는 것도 국제간의 관례이다. 따라서 세련된 에티켓과 매너를 익혀 자신의 품위를 높이고, 좋은 인간관계를 유지하여 성공적인 삶을 이끌어야 할 것이다.

2 동 · 서양의 에티켓과 매너

2.1 동 · 서양 에티켓과 매너의 문화

상대방을 배려하고 남에게 피해를 주지 않는 것은 동 · 서양을 막론하고 에티켓과 매너의 기본 사상이다. 그러나 동 · 서양은 전통적 문화적 차이에 의하여 다소 상이한 에티켓과 매너의 체계를 갖추고 있다. 동 · 서양 에티켓과 매너 문화의 차이는 크게 ❶ 상하관계 ❷ 남녀관계 ❸ 개인과 집단 등 3가지 차원에서 구분해 볼 수 있다.

(1) 상하관계

동양의 예절은 엄격한 위계질서와 공동체를 중시한다. 특히 유교사상이 바탕이 된 우리나라는 웃어른을 공경하고 부모에게 효도하는 것이 최고의 미덕으로 간주한다. 이와 같은 효(孝) 사상은 서양에서는 찾아 볼 수 없는 우리 고유의 예절문화라고 할 수 있으며, 서양에서도 배우고 싶어 하는 문화이기도 하다. 예를 들어 지하철이나 버스에서 어른에게 자리를 양보하는 것이나 술을 따를 때 두 손으로 따르는 것 등을 들 수 있다. 그러나 우리나라에서 윗사람이 술을 마시라고 권하면 못 마시더라도 마시는 시늉을 해야 하는데 이것은 서양의 입장에서는 이해가 되지 않는 문화이기도 하다. 이에 반해 서양의 에티켓과 매너는 상하 위계질서보다는 평등을 중시하는 편이다.

상하관계에서 동양의 예절이 서양에서는 상이하게 받아지는 경우도 있는데, 그 사례를 소개하면 다음과 같다.

"어느 미국인은 한국서 배운 예법을 미국에 돌아와 부모에게 자랑하며 사용한 적이 있다. 어른이기에 두 손으로 물건을 건넸더니 그의 아버지는 '네 손이 어디 아프냐' 고 물었다."고 한다. 아프지 않고서야 두 손으로 물건을 건넬 리 없기 때문이다.

(2) 남녀관계

동양에서는 과거부터 남존여비 사상에 의하여 여성과 함께하는 문화를 잘 볼 수 없다. 즉 남자와 여자의 역할을 엄격하게 구분하였기 때문이다. 이러한 관습은 오늘날에도 많이 볼 수 있는데, 예를 들어 동양에서는 남녀 동반 모임에서도 남자는 남자끼리 어울리며 대화를 하고, 여자는 여자끼리 별도로 모여 어울리는 모습을 볼 수 있다. 서양의 경우 남녀동반 모임에서는 남녀구분 없이 자연스럽게 서로 어울려 대화를 한다.

(3) 집단과 개인

동양의 미덕은 개인보다는 공동체의 단합이나 이익을 중시한다. 즉 집단의 이익과 발전을 위해서는 나의 희생을 감수하고, 가능한 집단에 누가 안 되도록 노력한다. 이에 반해 서양은 집단보다는 개인의 인격을 존중하는 등 개인주의와 합리적인 성향이 강하다고 할 수 있다.

〈표 1-2〉 동 · 서양 에티켓과 매너의 문화차이

구분	동양	서양
상하관계	위계질서 중시	평등사상
남녀관계	남녀구분	남녀동반
집단과 개인	집단(공동체) 중시	개인주의와 합리주의

이외에도 생활 속에 동 · 서양 문화는 많은 차이를 보이고 있다. 예를 들어 우리는 지하철이나 버스 안에서 서 있는 사람의 물건이나 가방을 받아 주는 것이 미덕이라고 생각하지만 서양에서는 가방에 욕심을 내는 도둑으로 간주하고 있다. 또한 유럽인들은 일본 사람들이 위스키나 꼬냑 등 증류주를 미즈와리(みずわり)라 해서 물 또는 얼음을 섞어서(On the rocks) 마시는 것을 술에 대한 모독 행위로 간주한다.

이와 같이 동 · 서양은 문화의 차이로 인하여 상반되는 에티켓과 매너가 존재하므로 상호 문화의 이해가 필요하다. 동양과 서양 내에서도 문화의 차이는 존재한다. 심지어 미국인에게 영국에 가서 어떻게 하라는 문화 안내 지침서도 있을 정도이다.

2.2 시정되어야 할 우리의 관습

우리나라는 오랜 역사에 의하여 전통적이고 고유한 문화와 관습이 많으며, 외국에 자랑할 만한 것도 많다. 그러나 우리의 관습 중에서도 세계인이 거부반응을 보이거나 이해를 할 수 없는 것도 있으므로 이러한 관습은 개선할 필요가 있다. 즉 문화의 차이가 아니라 문명과 야만의 차이가 되어서는 안 되는 것이다. 예를 들어 인도에서 손으로 카레라이스를 먹는 것은 그들의 고유한 관습이지만 국제적으로는 야만스러운 모습으로 받아들여지고 있는 것이다. 이와 같이 〈표 1-3〉은 국제적으로 이해가 힘든 우리만이 가지고 있는 관습으로써 외국인과 교류에서 반드시 시정되어야 할 부분이다.

〈표 1-3〉 외국인과 교류에서 시정되어야 할 관습(예)

시정되어야 할 문화	개선
술잔 돌리기	비위생적이므로 금물
한 찌개에 여러 사람의 숟가락 사용	일명 '퐁당퐁당' 문화로 비위생적이므로 개인당 앞 접시 제공
여자들끼리 손잡고 다니기	레즈비언으로 인식함. 특히 외국여행에서 주의를 요함
식당에서 두루마리 휴지 사용	서양에서는 두루마리 휴지를 화장실 용도로만 사용한다.

사례 **한국식 숯불구이**

한 영국인 어린이가 부모를 따라 한국에 이주해 온지 얼마 안 되어 한국인 부부의 초대로 숯불구이 집에 식사를 하러 갔다가 아무것도 먹지 못하고 거의 패닉(panic) 상태에 빠져 돌아왔다. 우리나라 사람들은 불판에서 고기를 구워먹을 때 여러 사람이 젓가락을 사용하여 무작위로 고기를 집고, 뒤집고, 옮기고, 집어 먹는다. 그러나 서양인이나 일본인들은 같은 식탁 위에 놓인 음식이라도 내 것과 네 것을 엄격히 구분한다. 그래서 공동의 불판 위에 고기가 올려져 있더라도 내 앞 영역에 있는 것은 내 것, 다른 영역에 있는 것은 다른 사람 것으로 인식한다. 내 것이 덜 익었던 탈 정도가 되었던 내가 알아서 굽고 내가 알아서 먹는다.

그런데 그 영국인 어린이의 영역 안에 있는 고기를 허락도 없이 제 마음대로 헤집고 뒤집어 놓고, 그것도 모자라 쓰던 젓가락으로 자기 앞의 것을 집어서 먹기를 강요까지 하여 충격을 받았던 것이다. 물론 문화의 차이에서 오는 일종의 해프닝(happening)일수도 있지만 글로벌 스탠다드(global standard) 차원에서 미개한 단면을 보여주는 지를 대목이라고 할 수 있다.

2.3 서양 에티켓과 매너의 기본 개념

서양 매너와 에티켓의 기본개념은 ❶ 상대방 존중 ❷ 여성존중 ❸ 상호주의 원칙 등 크게 3가지로 요약된다.

(1) 상대방 존중

상대방을 존중하기 위해서는 ❶ 상대방에게 호감을 주어야 하고, ❷ 상대방에게 폐를 끼치지 않아야 하며, ❸ 상대방을 존경하는 것이다. 상대방에게 호감을 주기 위해서는 대화, 방문, 복장, 테이블 매너 등 서양 에티켓을 전반적으로 이해하고 몸에 익숙해져 있어야 하고, 상대방에게 폐를 끼치지 않기 위해서는 약속시간 준수 및 공공장소에서의 에티켓 등을 잘 지켜야 하며, 상대방을 존경하는 것은 동서양을 막론하고 가장 기본적인 예의범절이다. 따라서 상대방을 존중하기 위해서는 항상 "나로 인하여 상대방이 피해를 보지 않을까"라고 하는 사고를 가져야 한다.

(2) 여성존중

여성존중 사상(lady first)은 항상 여성을 먼저 배려하고 존중하는 것으로서 예를 들면 '남성은 여성이 착석한 다음에 앉는다.' 등을 들 수 있는데, 동양의 예의와 서양의 에티켓을 구분할 수 있는 가장 큰 요소이다. 서양의 여성존중 사상은 기독교 정신이나 중세의 기사도 정신에서 나온 것인데, 우아하고 약한 여성을 보게 되면 돌보거나 감싸는 것을 남성의 품위로 간주하게 된 것이다.

서양 속담에 'Left hand lady is not a lady(왼쪽에 서 있는 여성은 숙녀가 아니다)' 라는 말이 있다. 남성이 여성과 동행할 때는 남성의 오른쪽에 여성이 오도록 해야 하고, 의자를 권할 때도 남성의 오른쪽 의자를 권해야 한다. 이러한 연유는 일반적으로 오른손이 왼손보다 강하기 때문이다.

(3) 상호주의 원칙

상호주의 원칙은 어떠한 호혜에 대하여 상응하여 보답하는 것으로서 예를 들면 남의 집에 초청을 받았다면 후에 그 사람을 자기의 집으로 초청하는 것이나 내가 도움을 받았다면 그에 상응하는 보답을 할 수 있어야 한다.

제2장

직장생활과 예절

제2장

직장생활과 예절

1 직장생활 예절의 의의

1.1 직장생활의 의의

직장(職場)이란 회사나 관청 따위와 같이 보수를 받으며 일을 하는 곳을 말한다. 이러한 직장은 계층과 연령은 물론 성장과정과 가치관 등이 각각 다른 이질적인 사람들이 집단을 이루어 공동생활을 하는 곳이며, 여기에서 얻어지는 결과를 나누면서 각자의 생계를 유지하고 자기성취와 사회기여를 통하여 행복과 만족을 추구하는 조직 사회라고 할 수 있다. 결국 직장생활은 출생, 성장, 교육, 취미, 소질, 가치관이 각기 다른 이질적인 사람들이 모여 공동의 목표 아래 서로 협력하여 조직적으로 일하는 것을 의미한다.

1.2 직장생활 예절의 중요성

일반 사회생활과 직장생활이 서로 다른 점은 직장에는 나름대로의 고유한 규범이 있으며 공동의 목표를 갖고 있는다는 점이다. 따라서 개개인은 조직의 목표와 규범에 맞추어 자신의 특이성을 조화시켜야 한다. 일반적인 예절이 인간으로서의 자기 관리와 사회인으로서의 대인 관계를 원만히 이루어 나가기 위한 것이라면 직장생활에서의 예절은 직장인으로서의 자기 관리와 대인 관계를 공동의 목표 성취를 위한 방향으로 이루어 나가기 위한 것이다. 직장에는 최소한의 기본수칙이나 규범이 있다. 개성과 성격이 상이한 사람들이 모여 공동의 목표를 추구하는 직장에서 자신이 지켜야 할 행동규범을 지키지 않을 때 모래알 같은 조직이 되고 만다는 점에서 직장생활에서 요구하는 예절은 더욱 중요하다고 할 수 있다.

1.3 직장생활의 기본자세

(1) 목적의식

목적의식(目的意識)이란 자기 행위의 목적에 관해 가지는 뚜렷한 자각을 말한다. 직장생활을 한다는 것은 자기와 가족의 생계를 해결하고 자기성취 및 조직의 목표를 실현하고자 노력하는 것을 말한다. 따라서 “내가 왜 직장생활을 하는지” 이에 대한 목적의식이 뚜렷해야 한다.

(2) 능동적인 자세

능동(能動)이란 스스로 내켜서 움직이는 것을 말하고, 수동(受動)은 스스로 움직이지 않고 남의 힘을 받아서 움직이는 것을 말한다. 직장은 능동적인 사람을 요구하지 수동적인 사람을 요구하지 않는다. 직장에서 능동적으로 일을 하게 되면 흥미가 있고 능률도 오르며, 매사에 긍정적인 마인드를 갖게 된다.

(3) 책임의식

책임이란 자신의 맡은 바 임무를 성실히 수행하는 것으로 예를 들면 오늘 할 수 있는 일을 내일로 미루지 않거나 스스로 해결할 수 있는 일을 다른 사람에게 전가하지 않는 것 등을 들 수 있다. 책임의식은 곧 애사심과 주인의식으로 발전하게 되는데 주인의식은 직장에 대하여 자부심과 긍지를 갖고 회사를 대표하고 있다는 마음을 견지하는 것을 말한다.

(4) 자기관리

직장생활에서 자기관리도 실력이다. 자기관리는 용모나 복장 등 외적인 관리뿐만 아니라 체력관리 및 재충천을 통한 신체 및 정신적 관리도 포함되며, 직장 내에서 자신의 감정을 자제할 수 것도 자기관리라고 할 수 있다.

(5) 대인관계 유지

직장생활에서 원만한 대인관계를 유지하기 위해서는 교만해서는 안 되고, 겸손하고 공손한 자세를 보여야 하며, 상대방의 인격을 존중해야 한다. 직장은 무슨 일이든지 제 생각대로 혼자 처리하는 독불장군(獨不將軍)을 원하지 않는다.

(6) 성실과 솔선수범

성실(誠實)은 정성스럽고 참됨이란 의미로서 직장생활에서 가장 큰 덕목이라고 할 수 있는데 흔히 최선을 다하는 모습을 일컫는다. 솔선수범(率先垂範)은 남보다 앞장서서 행동하여 몸소 다른 사람의 본보기가 되는 것을 말한다. 결국 직장은 성실하고 솔선수범하는 사람을 원하는 것이다.

〈그림 2-1〉 성공적인 직장인의 기본자세

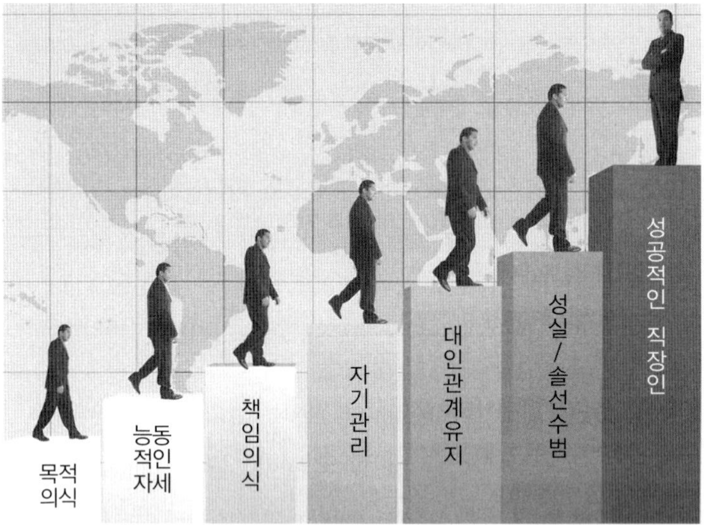

1.4 직장생활에서 버려야할 것들

(1) 무사안일주의

무사안일주의(無事安逸主義)란 모든 일에 말썽 없이 무난히 지내려고 하거나 진취성이 없고 소극적인 태도를 보이는 경향을 말한다. 특히 무사안일주의는 직장의 발전을 저해할 뿐만 아니라 안전사고와도 연결된다는 점에서 경계해야 할 부분이다.

(2) 이기주의

이기주의(利己主義)란 다른 사람이나 사회 일반에 대해서 배려하지 않고 자신의 이익이나 행복만을 고집하는 사고방식을 말한다. 이러한 이기주의는 조직의 단합을 저해할 수 있는 요인으로 조직의 장기적인 발전보다는 단기 실적에만 급급하고, 전체의 효율보다는 나의 실적에만 관심을 두는 행동이라는 점에서 삼가야 한다.

(3) 적당주의

적당주의(適當主義)란 어떤 일을 임시변통이나 눈가림으로 적당히 넘기려는 태도나 입장을 말한다. 이러한 적당주의는 지시받은 일 이외에는 관심을 두지 않는 등 창의적인 노력을 경주하지 않는다는 점에서 직장 발전의 걸림돌이라고 할 수 있다.

(4) 매너리즘

매너리즘(mannerism)이란 틀에 박힌 태도나 방식으로서 타성에 젖은 것을 말한다. 어떤 기업은 직원의 역량에 따라 뛰고 있는 직원, 걷고 있는 직원, 서 있는 직원으로 분류하기도 한다. 뛰고 있는 직원은 선두그룹으로 가장 잘 나가는 직원을 말하고, 걷고 있는 직원은 평균적인 사람들로 뚜렷한 실적도 없지만 과오도 없는 직원을 말한다. 그리고 서 있는 직원은 실적이 없을뿐더러 회사에 부담이 되는 사람을 말하는데 단지 아침이면 습관적으로 출근해서 그저 자리만 지키고 있을 뿐이다. 그런데 이 세가지 유형에서 걷고 있는 직원이나 서 있는 직원이라고 해서 능력이 없는 것은 아니다. 선두 그룹보다 프로필이 더 화려한 사람도 많다. 다만 자신도 모르는 사이에 걷고 있거나 서 있을 뿐이다(강상구, 2014). 이러한 현상의 사람을 두고 흔히 "매너리즘에 빠졌다"고 한다.

〈그림 2-2〉 직장생활에서 발목을 잡는 것들

2 직장생활 예절의 실제

2.1 직장생활 기본 에티켓과 매너

- 사내 규정을 준수한다.
- 출근 시간 10~20분 전에 도착하여 업무를 준비한다.
- 출퇴근 시에는 반드시 인사를 한다. 인사를 한다고 싫어하는 사람은 아무도 없다.
- 공손한 언어를 사용한다.
- 자기를 부르면 대답을 하고, 그 사람 쪽을 본다.
- 외출 전, 후에는 반드시 상사에게 보고한다.
- 사무실이나 복도에서 방문객, 상사 등을 만나면 가볍게 인사한다.
- 업무 중인 사람에게 말을 걸때는 기회를 봐서 한다.
- 복장은 개성을 살리되, 직장인의 품위를 잃지 않도록 하며, 유니폼을 착용할 때는 규정을 준수한다.
- 근무 중에는 공사(公私)를 구분하고 개인적인 일을 하지 않는다.

2.2 직장생활에서 호칭

- 같은 부서의 상사일 경우, 성과 직급을 같이 호칭한다. 예를 들면 "김부장님", "박과장님" 등
- 다른 부서의 상사일 경우, 부서명과 직급을 같이 호칭한다. 예를 들면 "인사부장님", "총부과장님" 등
- 후배나 동급일 경우, 성과 직위 또는 바로 이름을 부른다. 예를 들면 "김대리", "○○씨" 등
- 상대의 직급을 기준으로 생각하고 말하도록 한다. 예를 들어 자신은 대리인데 부장 앞에서 ○○과장을 언급할 때는 ○○과장님이라 하지 않고, ○

○과장이라고 호칭한다. 즉 대리의 입장에서는 과장이 자신의 상사이지만 부장의 입장에서는 그렇지가 않기 때문이다.

- 문서상에서는 직접 부를 때와는 달리 상사를 호칭할 때의 '님' 자를 생략한다.

2.3 회식 및 술자리에서

직장생활을 하다보면 회식 및 술자리를 갖게 된다. 술자리의 기본 예의만 지켜도 상사들에게 예의 바른 직원으로 각인될 수 있다. 상사들과 함께 하는 술자리에서는 강렬한 인상을 심어주는 것보다 실수하지 않는 것이 더 중요하다. 회식 및 술자리에서 요구되는 에티켓과 매너는 다음과 같다.

- 회식 자리도 근무의 연장으로 생각하고 예의 바르게 행동한다.
- 술자리에서 동료나 상사의 험담을 하지 않는다.
- 외국인과 동석한 자리에서 술잔 돌리기나 폭탄주 등을 강요하지 않는다.
- 여직원에게 술 따르기를 강요하거나 성적인 농담을 하지 않는다.
- 윗사람으로부터 술잔을 받을 때는 양 손으로 잔을 받치거나 왼손은 오른쪽 가슴에 받치고 오른손으로 잔을 받는 것이 보기 좋다.
- 술을 마시지 않더라도 잔을 받아는 두는 것은 예의이며, 가능한 첫 잔은 마시는 것이 좋다.
- 술을 마시지 않더라도 윗사람과 잔을 건배했다면, 그냥 내려놓는 것보다 입에 살짝 대고 내려놓는 것이 좋다.
- 건배를 한 후 윗사람보다 잔을 먼저 잔을 내려놓지 않는다.
- 건배를 할 때에는 상대가 나보다 상사이거나 연장자일 때는 잔의 높이를 더 낮춰 건배한다.
- 본인의 주량을 고려하여 술을 마시고, 과음하여 실수하거나 흐트러진 모습을 보이지 않도록 한다.

제3장

고객접객 에티켓과 매너

제3장

고객접객 에티켓과 매너

1 고객접객의 의의

고객(顧客)은 경제에서 창출된 재화와 용역을 구매하는 개인이나 가구를 일컫는다. 이러한 고객은 기업의 출발점으로서 고객이 없는 기업이란 존재할 가치가 없다. 고객에 대한 중요성이 높아지자 고객에 대한 칭호도 왕(王), 황제(皇帝), 신(神)으로 격상되어 더 이상의 수식어가 부족한 실정이다. 결국 기업은 고객만족 경영을 통하여 기업의 목표를 달성하고자 노력하고 있는 것이다.

특히 서비스업에서의 매출은 고객과의 접촉을 통하여 발생된다는 점에서 고객접객 서비스는 매우 중요하다고 할 수 있다. 따라서 서비스 요원에게는 고객접객을 위하여 첫인상관리에서부터 용모, 자세, 안내, 인사, 미소와 표정관리, 대화법, 호칭과 경어, 전화응대, 고객불평처리 등에 대한 에티켓과 매너가 요구된다.

2 첫인상 관리

2.1 첫인상의 중요성

첫인상이란 사물이나 사람에게서 처음 느껴지는 인상으로 심리학적 측면에서 고찰해보면 일종의 지각적 오류 현상 이론에서 찾을 수 있다. 이 이론에 의하면 사람들은 한번 판단을 내리면 상황이 달라져도 그 판단을 지속하려는 욕구를 가지고 있다는 것이다. 이를 초두효과(primacy effect) 또는 후광효과(halo effect)라고 한다. 즉 먼저 들어온 정보가 나중에 들어온 정보보다 강력한 영향을 미치는 것을 말한다. 예를 들면 한번 구겨진 인상은 좀처럼 만회하기 힘들다. 반대로 첫인상이 좋을 경우 약간 실수를 해도 좋게 넘어가는 것이다. 결국 첫인상이 좋으면 고객이 호감을 갖고 인간관계가 지속되는 것이고, 첫인상이 좋지 못하면 거부감을 나타내는 등 인간관계에 어려움이 따른다.

첫인상이 중요한 또 다른 이론은 인지적 구두쇠이론을 들 수 있다. 인상형성에서 사람들은 상대를 판단할 때 장시간 관찰하거나 노력하여 판단하는 것이 아니라 가능하면 적은 시간과 노력을 덜 들이면서 결론에 이르려고 한다는 것이다. 일반적으로 첫인상이 형성되는 시간은 약 4초 정도이고, 늦어도 90초 안에 결정된다. 결국 첫인상이 중요한 이유는 최초의 느낌이 오랫동안 그 사람의 기억에 남기 때문이다.

SAS 항공사 얀 칼존 회장은 고객과 만나는 15초 동안에 기업의 운명이 좌우된다는 MOT(moment of truth) 즉 '진실의 순간' 이라는 경영 지침을 통하여 성공을 거둔 바 있는데, 고객과 처음으로 만나는 15초 동안에 고객이 자신의 회사를 선택한 것에 후회가 없도록 만들어야 한다는 것이다.

첫인상의 결정은 첫눈에 들어오는 용모, 표정, 말투 등 극히 제한된 정보에 의해서 형성된다. 따라서 세련된 용모, 자세, 안내, 인사, 미소와 표정, 대화, 경어사용 등을 통해서 고객의 첫인상을 사로잡아야 한다. '보기 좋은 떡이 먹기도 좋다' 는 속담도 있다.

2.2 첫인상 가꾸기

첫인상을 가꾸는 것은 자신의 이미지를 메이킹하는 것이다. 이미지 메이킹(image making)이란 자신의 이미지를 상대방 또는 고객에게 각인시키는 일로서 다음과 같은 노력이 요구된다.

(1) 자신을 긍정적으로 평가하라

고객에게 첫인상을 좋게 하기 위해서는 우선 자기 자신을 긍정적으로 평가하고 자신에게 호의적인 감정을 가져야 한다. 자신에 대한 긍정적인 모습과 호의적인 감정은 고객에게 긍정적이고 호의적인 첫인상으로 전달된다.

(2) 자신감과 자부심을 가져라

자신의 능력과 미래에 대하여 자신감을 가지고, 또한 자신이 하는 일에 자부심을 가질 때 고객에게 자신 있는 첫인상을 보여줄 수 있다. 만약 자신의 일에 자신감과 자부심이 없다면 고객에게도 그런 첫인상을 줄 수밖에 없다.

(3) 이미지를 연출하라

고객을 접객하기 전에 자신의 이미지를 연출해야 한다. 연극배우가 무대에 올라 올 때는 평상시 얼굴과 복장으로 등장하는 것이 아니다. 따라서 고객을 접객하기 전에는 기본적으로 여성의 경우 맨 얼굴보다는 적당한 메이크 업을 하고 머리를 단정히 손질하며, 남성의 경우 면도를 말끔하게 해야 한다. 또한 유니폼은 깨끗한지 단추가 떨어진 곳은 없는지, 헤어진 곳은 없는지 등을 꼼꼼하게 체크한다. 이와 같은 용모는 시각적으로 첫인상을 결정한다는 점에서 고객을 응대하기 전에는 거울을 자주 보는 습관을 길러야 하고, 자신을 가꾸는데 시간을 투자할 필요성이 있다.

(4) 미소를 가꾸어라

밝은 표정과 미소를 띤 얼굴은 첫인상에 결정적인 역할을 한다. 따라서 평소에도 미소를 짓는 연습이 필요하다.

(5) 고객과 시선을 맞추고 눈으로 대화하라

고객과의 대면에서는 반드시 시선을 맞추어야 한다. 서류나 컴퓨터, 또는 동료직원과 대화를 하면서 고객을 맞이해서는 안 된다. 따라서 고객과의 대화를 하기 전에 먼저 눈으로 대화할 수 있어야 한다.

(6) 몸으로도 말을 하라

고객과의 커뮤니케이션 과정에는 비언어적인 바디 랭귀지나 제스처가 큰 비중을 차지한다. 아무리 미소가 좋고 언어가 좋아도 꼿꼿이 선 자세에서 입으로만 하는 것은 딱딱한 인상을 줄 수 있다. 따라서 적절한 바디 랭귀지나 제스처를 상황에 맞게 할 수 있어야 한다. 특히 사물을 가리킬 때나, 방향을 안내할 때는 적절한 몸으로 대화를 할 수 있어야 한다.

2.3 첫인상의 통념

(1) 통념 1 : 첫인상이 좋으려면 인물이 좋아야 한다

성공하는 사람들의 공통적인 특징 중의 하나는 인상이 좋다는 것이다. 잘 생겼거나 미인이라는 뜻이 아니라 풍기는 인상이 좋다는 것이다. 이와 같은 인상은 앞에서 언급한 첫인상 가꾸기를 통하여 충분히 만들어질 수 있다는 점에서 스스로 노력이 필요하다.

(2) 통념 2 : 첫인상이 좋으려면 좋은(비싼) 옷을 입어야 한다

첫인상에 영향을 미치는 것은 좋은(비싼) 옷으로 치장하는 것이 아니라 어떠한 옷을 입더라도 단정하고 멋스럽게, 상황에 맞거나 코디(조화)를 잘 하여 입는 것이다.

3 용모관리

용모란 사람의 얼굴과 신체의 모습 및 차림새를 말한다. 첫 인상을 결정짓는 요소 중 시각적인 요소가 87%를 차지하는데 그 시각적인 요소가 곧 용모이다. 따라서 고객에게 좋은 첫인상과 이미지를 주기 위해서는 깨끗하고 단정한 용모를 갖추어야 한다. 호텔, 항공사, 백화점, 외식업 등 서비스업체에서 요구되는 용모는 다음과 같다.

3.1 남자의 용모

- 뒷머리는 가능한 드레스셔츠의 깃을 넘어서는 안 된다.
- 옆머리는 가능한 귀를 덮어서는 안 된다.
- 앞머리는 이마를 덮지 않고 보여야 한다.
- 항상 세발을 하여 청결을 유지한다.
- 빗을 가지고 다니면서 자주 거울을 대한다.
- 매일 면도를 하여 깔끔한 인상을 주어야 한다.
- 콧수염이 나오지 않도록 자주 자른다.
- 향이 강한 화장품을 사용하지 않는다.
- 식후에는 반드시 양치질을 한다.
- 손은 고객에게 자주 노출되므로 청결을 유지한다.
- 손톱은 짧게 깎는다.
- 안경을 쓸 때는 자신의 얼굴형과 피부색에 어울리는 테를 사용하여 눈의 결점을 안경이라는 액세서리로 개성을 살릴 수 있도록 한다.

3.2 여자의 용모

- 헤어스타일은 얼굴형에 어울리게 하고, 무조건 유행을 따르는 것은 지양한다.
- 긴 머리는 단정하게 묶어 흘러내리지 않도록 한다.
- 항상 세발을 하여 청결을 유지한다.
- 화장은 진하거나 야하지 않게 한다.
- 아이섀도우는 자연스럽게 하고, 속눈썹은 달지 않는다.
- 향이 강한 화장품을 사용하지 않는다.
- 식후에는 반드시 양치질을 한다.
- 손은 고객에게 자주 노출되므로 청결을 유지한다.
- 손톱에 매니큐어를 할 때는 무색이나 핑크, 레드계열의 색상을 선택한다.
- 스타킹의 색은 지나치게 화려해서는 안 되고, 올이 나가거나 흘러내리지 않아야 한다.
- 여름철에도 스타킹을 신는 것이 원칙이다.

4 자세

자세란 몸을 움직이거나 가누는 모양을 말한다. 올바르고 단정한 자세는 고객에게 시각적인 효과를 주고 자신의 인격이나 품위를 나타내므로 앉을 때나 걸을 때 올바른 자세를 유지하도록 해야 한다.

4.1 앉을 때의 자세

앉을 때는 턱을 당기고 시선을 정면으로 향한다. 등은 곧게 펴고 등과 등받이 사이는 주먹 한 개의 간격을 유지하는 것이 좋으며, 무릎은 여자의 경우 붙이고 발끝을 가지런히 모으고, 남자의 경우는 무릎사이에 주먹 두 개가 들어갈 정도면 무난하다. 양손은 무릎 위에 가지런히 포개고, 팔짱을 끼거나 다리를 꼬고 앉지 않는다.

서 있는 상태에서 앉을 때는 여자의 경우 마음속으로 하나에 한쪽 발을 반보 뒤로 하고, 둘에 앉으면서 스커트자락을 훔치고, 셋에 발을 모으고 손을 포갠다. 앉은 상태에서 일어설 때는 하나에 한발 반보 앞으로, 둘에 일어서고, 셋에 발을 모으면서 손을 마주 잡는다. 남자의 경우는 하나에 일어서고, 둘에 발을 모으면서 손을 마주 잡는다.

4.2 걸을 때의 자세

걸을 때는 턱을 당기고 시선을 정면으로 향하여 얼굴엔 가벼운 미소를 짓는다. 가슴과 등을 곱게 펴고 양손을 내려 앞뒤로 자연스럽게 흔들며, 직선을 걷는 것처럼 경쾌하게 걷는다. 여성은 앞 굽이, 남성은 뒤 굽이 먼저 지면에 닿도록 걷고, 걷을 때는 소리가 크게 나지 않도록 한다. 특히 구두 뒤 굽을 끌거나 꺾어 신지 않도록 하며, 보행 중에 담배, 껌, 음식 등은 삼간다.

5 안내

안내란 어떤 내용이나 장소 따위를 소개하거나 지시하여 알려 주는 것을 말한다. 특히 호텔 등의 서비스업에서는 고객에게 안내할 상항이 빈번하게 발생하는데 올바른 안내기법을 통하여 고객이 불쾌하지 않도록 해야 할 것이다. 특히 호텔 및 레스토랑 등지에서 내방 고객을 장소나 좌석으로 안내할 때는 미소는 물론 "이 쪽으로 오시죠" 또는 "제가 안내해 드리겠습니다" 등의 멘트와 함께 고객의 2~3보 앞에서 리드할 수 있어야 한다.

5.1 방향을 안내할 때

방향을 안내할 때는 밝은 표정으로 상냥한 말을 곁들인다. 시선은 먼저 고객의 눈을 본 다음 가리키는 방향을 보고 다시 상대방의 눈을 본다. 방향을 가리킬 때 손가락을 모으고 손목이 꺾이지 않아야 하고, 턱이나 발로 방향을 가리켜서는 안 된다. 오른쪽을 가리킬 때는 오른손을, 왼쪽을 가리킬 때는 왼손을 사용한다. 손바닥 정면이나 손등 정면이 고객에게 보이지 않도록 45도 각도로 눕혀서 방향을 가리킨다.

〈그림 3-1〉 방향을 안내할 때

(○)

(×)

특히 방향을 안내 할 때는 말을 하게 되는데 이때는 상황에 맞게 감성적으로 접근하는 것이 바람직하다. 예를 들어 고객이 화장실의 위치를 물어볼 때 고객이 작은 목소리로 물어 보았다면 작은 목소리로 안내한다.

고 객 : (작은 목소리) "화장실은 어디에 있습니까?"
안내자 : (큰 목소리) "화장실요, 저쪽입니다" (×)
(작은 목소리) "화장실은 저쪽입니다" (○)

5.2 서류나 메뉴를 안내할 때

서류나 메뉴를 안내할 때는 손등을 보이는 것이 아니라 손바닥이 보이도록 하여 가리킨다. 손등으로 가리키게 되면 권위적이고 위협적으로 보이게 된다.

〈그림 3-2〉 메뉴를 안내할 때

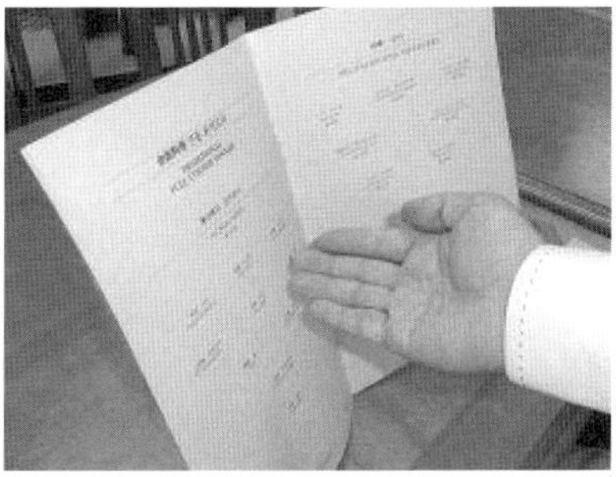

(○)

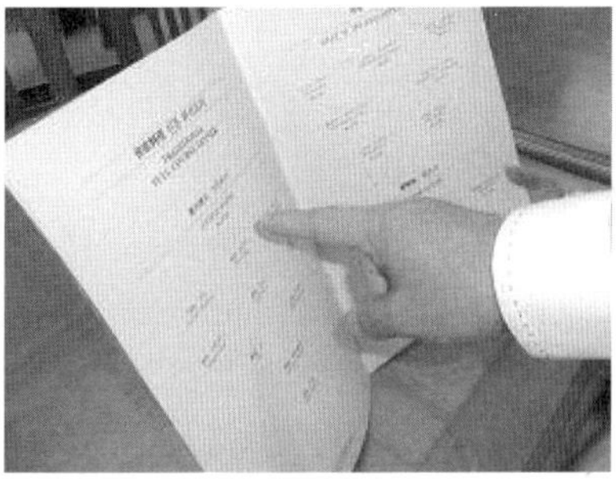

(×)

6 인사

6.1 인사의 의의

인사는 한자로 사람 인(人)자와 일 사(事)자의 합성어로서 결국 사람이 하는 일이란 뜻이다. 사전적 의미로서의 인사는 상대방의 안부를 묻거나 공경의 뜻을 표하기 위하여 예를 갖추거나 표현하는 일(greeting), 서로 알지 못하던 사람끼리 성명을 통하여 자기를 소개하는 일(introduction), 그리고 인간관계에서 지켜야 할 예의 있는 언행 또는 일(manner)이라고 정의된다. 이와 같이 인사는 인간관계의 시작을 의미하며, 상대에게 닫혀져 있는 마음의 문을 열어주는 구체적인 행동의 표현으로서 예의, 환영, 감사, 반가움, 배려의 의미가 내포되어 있다.

인사를 할 때는 진심으로 환대하는 마음이 전달되어야 하고, 정중하면서 예의 바르게, 밝고 상냥하게 해야 한다. 인사를 잘하는 사람 중에 예의 없는 사람이 없고, 예의 있는 사람 중에 인사 못하는 사람 없다. 따라서 인사는 예절의 기본이며, 인간관계의 출발으로 직장인에게 있어서 인사는 상사에게는 존경심의 표현이고, 동료 간에는 우애의 상징이며, 고객에게는 고객만족을 추구하는 서비스정신의 표현이다.

6.2 인사의 6단계

❶ 자세를 갖춘다.

❷ 적정거리를 유지한다(일반적으로 6보 앞).

❸ 얼굴을 마주하고 눈을 쳐다본다.

❹ 미소를 짓는다.

❺ 호칭과 함께 적절한 인사말을 한다.

❻ 자연스럽게 머리를 숙인다.

6.3 인사의 원칙과 중요성

(1) 인사의 원칙

인사는 얼굴의 표정은 밝게 하고 즐거운 마음으로 하며, 인사의 기회는 극히 순간적이므로 시기를 놓치지 말고 적기에 실행한다. 인사를 할 때는 고개만 숙이지 말고 마음속에서 우러나오는 진실한 자세로 하며, 당당하고 자신있게 해야 한다.

(2) 인사의 중요성

인사는 상대의 인격을 존중하는 경의의 표시이며, 정성의 마음으로 하는 친절과 협조의 표시이다. 따라서 인사는 즐겁고 명랑한 사회생활과 원만한 대인관계를 유지시켜 준다는 점에서 그 중요성이 있다고 할 수 있다.

6.4 인사 예절의 기본

- 인사는 어디서나 공손하고 자주하는 것이 좋다. 단 화장실이나 목욕탕에서는 하지 않아도 좋다.
- 하급자와 연소자가 상급자나 연장자에게 먼저 하는 것이다.
- 남성이 여성에게 먼저 하는 것이다.
- 인사를 받았을 때는 반드시 반응을 보인다.
- 받는 것보다는 자기가 하는 데 의의가 있다.
- 주머니에서 손을 넣고 인사하지 않는다.
- 전화를 받고 있는 도중에 인사할 경우가 생기면 가능한 통화를 짧게 끝내고, 끊을 수 없는 상황이라면 눈인사는 해야 한다.
- 상사를 사외 인사와 함께 복도에서 만났을 경우에는 멈추어 서서 정중하게 인사를 한다.
- 복도에서 상사 한사람을 만났을 경우에는 걸음을 멈출 필요가 없으며, 한쪽 옆으로 비켜 가볍게 인사를 합니다.
- 인사는 각 나라마다 조금씩 차이가 나는데 그 나라의 인사문화에 따르는 것이 좋다.

〈표 3-1〉 인사 요령

구분	가벼운 인사	보통 인사	정중한 인사
인사의 각도	15도	30도	45도
인사의 속도	구부린 다음 바로 폄	구부린 다음 1초 동안 멈추었다가 폄	구부린 다음 1초 동안 멈추었다가 폄
용도	• 동료 또는 자기보다 하급자에게 인사할 때 • 간단한 인사 즉 복도, 실내 등 좁은 장소, 상사를 두 번이상 만났을 때	• 자기보다 상급자 또는 웃어른에게 인사할 때	• 사과하거나 특별히 도움을 받았을 때 • 서비스업체에서 고객맞이와 배웅, 사과할 때

구분	가벼운 인사	보통 인사	정중한 인사
시선	발끝 2미터 정도 앞	발끝 1미터 정도 앞	발끝
양손의 위치 (女右男左)	여자는 오른손을 왼손에 얹어 아랫배에 가볍게 댄다. 남자는 왼손을 오른손에 얹어 아랫배에 가볍게 대거나 차렷 자세에서 주먹을 가볍게 쥐고 바지의 재봉선에 갖다댄다.		
발	뒤꿈치를 붙이고 30~45도 정도 벌린다.		
표정	가볍게 미소를 띤다.		
다리	곧게 편다.		
히프	뒤로 빼지 않도록 한다.		
허리와 머리	허리에서 머리까지 일직선을 유지한다(머리만 숙이거나 허리만 굽히지 않도록 한다).		
주의	눈을 치켜뜨지 말아야 한다.		

7 미소와 표정관리

7.1 미소와 표정관리의 의의

미소란 소리를 내지 않고 빙긋이 웃는 모습을 말한다. 외국 사람들은 우리나라 사람들을 볼 때 표정이 굳어 있어 항상 불만이 있는 것처럼 보인다고 한다. 이러한 표정은 국제간의 비즈니스 및 사교에 있어서 첫인상을 흐리게 만든다. 우리나라는 과거 잦은 외세의 침입과 엄격한 유교사상으로 인하여 웃고 지낼 수 있는 여건이 안 되어 웃는 표정을 잃어버렸는지도 모른다.

좋은 표정은 미소를 띤 밝은 얼굴로서 본인뿐만 아니라 자신의 회사에게도 이미지를 상승시켜 준다. 우리 속담에 '웃는 얼굴에 침을 뱉지 못 한다' 는 말이 있다. 즉, 고객에게 범한 조그마한 실수는 미소로 커버할 수 있다. 결국 미소는 얼음이나 무쇠도 녹일 수 있는 마력을 지니고 있는 것이다. 미소가 없는 사람은 고객접객 요원으로서 자격이 없으며, 미소는 백 마디 친절한 말보다 더 큰 위력을 가지고 있다. 아무리 뛰어난 외모도 미소를 띤 평범한 얼굴보다는 못하고, 인공화장품은 하루만 지나면 그 빛이 사라지지만 미소와 같은 천연 화장품은 영원하다. 서비스 일류기업의 친절성은 미소로부터 출발하고 있으며, 미소는 만국 공통어이기도 하다.

항공사나 호텔 등의 서비스기업에서는 주기적으로 사내 직원을 대상으로 스마일 콘테스트(smile contest)를 실시하고 있는데 그만큼 미소가 중요하다는 것이다.

■미소는 얼음이나 무쇠도 녹일 수 있는 마력을 지니고 있다.

7.2 미소의 효과

미소는 고객에게 호감을 주고, 편안하게 해주며, 대화를 부드럽게 할 수 있다. 또한 감정이입의 효과를 가져다주며, 자기 자신의 마인드를 컨트롤할 수 있을 뿐만 아니라 건강도 증진시켜준다.

사례 **웃으면 건강해져요 - 웃음의 탁월한 효과**

- **신체 기관을 자극한다.**

  웃음은 산소 공급량을 늘리고 심장과 폐, 근육을 자극한다. 또한, 엔돌핀 생성을 촉진해 통증을 줄이고 혈액순환을 좋게 한다.

- **스트레스를 줄인다.**

  웃음은 긴장을 풀어주고 스트레스 수치를 낮추는 반면, 심장 박동수와 혈압은 상승하게 한다. 즉, 운동을 하고 난 후와 같은 효과를 얻는 것.

- **두통과 소화불량에 도움을 준다.**

  스트레스로 인한 두통은 물론, 만성적 소화불량을 치유하는 효과가 뛰어나다.

- **면역 시스템 향상**

  부정적인 생각은 신체 내 화학 반응을 촉발해 스트레스를 증가시키고 결국, 면역력을 떨어지게 만든다. 반면, 긍정적인 생각과 웃음은 스트레스와 질병을 억제하는 신경 펩티드를 분비한다. 실제로, 암환자에게 지속적으로 코미디 영화를 보게 했을 때, 스트레스 지수가 떨어지고 암세포와 싸우는 세포활동은 촉진됐다는 보고도 있다.

- **통증 경감**

  웃음은 체내에서 자연적인 진통제를 생산하게 해 고통을 덜어준다.? 만성적인 근육통이나 위장 장애 등을 갖고 있는 경우, 웃음이 어떤 치료보다 효과적일 수 있다.

- **자기만족 상승효과**

  웃음은 어려운 상황도 쉽게 넘길 수 있는 힘을 준다. 응급실 간호사들을 대상으로 한 실험에서, 유머 감각이 있고 잘 웃는 간호사의 경우 그렇지 못한 간호사들보다 직업 만족도는 물론 환자들과의 교감 능력과 업무 성과가 높게 나타났다.

출처 : Laugh your way to stress relief

7.3 미소와 표정관리의 방법

(1) 마음자세

미소와 좋은 표정은 억지로 되는 것이 아니라 마음으로부터 나와야 한다. 이러한 마음자세를 갖기 위해서는 다음과 같은 사고가 요구된다.

- 항상 긍정적인 사고를 가져야 한다.
- 자기 자신을 사랑할 줄 알아야 한다.
- 양보의 미덕과 여유를 가져야 한다.
- 타인을 칭찬할 줄 알아야 한다.
- 타인을 존중하고 배려할 줄 알아야 한다.

(2) 미소와 표정 가꾸기

- 얼굴 전체를 부드럽고 온화하게 한다.
- 웃는 표정사진을 잘 보이는 곳에 붙여놓고 따라 웃는다.
- 거울을 보며 수시로 웃는 얼굴을 만든다.
- 아침에 일어나자마자 크게 웃어 근육을 풀어준다.
- 얼굴의 근육을 긴장시키거나 찡그리지 않는다.
- 연필을 어금니로 물고 있으면 웃는 입모양이 된다.
- 긍정적인 말을 하면 입모양이 반듯해진다.
- 몸이 건강해야 웃을 수 있으므로 운동을 한다.

〈표 3-2〉 스마일에 대한 체크리스트

내용	체크		
	A	B	C
자신의 웃는 얼굴이 마음에 듭니까?			
웃는 얼굴에 대해 남에게 칭찬을 받은 적이 있습니까?			
웃었을 때 자신의 입 모양과 치아에 자신이 있습니까?			
치아는 하얗고 윤이 나고 있습니까?			
웃을 때 입에 손을 대는 버릇이 있습니까?			
웃는 얼굴을 바꾸고 싶은 생각이 있습니까?			
초면인 사람에게 자신있게 웃을 수 있습니까?			
평가 및 개선할 점 :			

시(詩) - 이것은 미소

이것은
천연 화장품이다.
비용이 들지 않지만 많은 사람들에게 행복을 베푼다.
아무리 가난해도 이것 못할 만큼 가난한 사람도 없다.
친구 간에는 우정을
피곤한 자에겐 휴식을
좌절한 자에겐 용기를 준다.
슬퍼하는 자에겐 위로를
번민하는 자에겐 자연의 해독제가 된다.
돈을 주고 살수도 없으며, 빌릴 수도 없고 훔칠 수도 없다.
이것은 미소.

8 대화법

대화란 서로 마주하여 이야기를 주고받는 것을 말한다. 결국 말을 하고 경청하는 것인데 올바른 대화기법을 통하여 고객만족뿐만 아니라 대인관계도 원만하게 유지할 수 있어야 한다. 특히 말의 수준이나 내용에서 자신의 품격이 드러난다는 점에서 대화의 에티켓과 매너는 중요하다고 할 수 있다.

8.1 말할 때

(1) 말할 때의 기본자세

말을 할 때의 기본자세는 밝게, 상냥하게, 아름답게 해야 한다는 마음의 자세를 갖추어야 한다. 말을 할 때는 정확한 발음, 밝은 목소리, 적당한 속도, 적정한 음의 고저를 유지하고, 심한 사투리, 속어, 비어, 유행어는 삼가야 한다. 또한 비꼬거나 빈정대는 말을 해서는 안 되고 기분이 상하지 않게 돌려 말한다.

특히 대화를 할 때 턱을 오렸을 경우는 매우 근엄한 목소리가 나오고, 턱을 지나치게 내렸을 경우 자신감이 없어 보인다. 고객과의 대화에서는 얼굴을 약간만 숙인 자세가 좋다.

(2) 반토막 사용금지

"미안해요", "잠깐만요", "알았어요" 등의 반토막 말을 해서는 안 된다. 이 말에서 "요"를 빼버리면 반말이 되는 것이다. 따라서 다음과 같이 완전한 말을 해야 한다.

〈잘못된 표현〉		〈바른 표현〉
"미안해요"	➡	"미안합니다"
"잠깐만요"	➡	"잠깐만 기다려 주시겠습니까?"
"알았어요"	➡	"알겠습니다."
"안녕하세요"	➡	"안녕하십니까?"

(3) 완곡한 표현법(쿠숀 화법) 사용

단정적인 표현보다는 완곡한 표현을 사용하여 고객에게 부드러운 인상을 심어 주어야 한다.

〈단정적인 표현〉		〈완곡한 표현〉
"할 수 없습니다"	➡	"죄송합니다만 하기 어렵습니다."
"~하여 주십시오"	➡	"~해 주시겠습니까?"
"무슨 용건입니까?"	➡	"무엇을 도와 드릴까요?"

(4) 긍정적인 단어 사용

부정적인 단어보다는 보다 긍정적인 단어를 사용하여 고객으로 하여금 기분이 나쁘지 않도록 한다. 우리 속담에 "말 한마디로 천냥 빚을 갚는다. 가는 말이 고와야 오는 말이 곱다"라는 말이 있다. 결국 긍정적인 말의 중요성을 의미하는 것이다.

따지길 좋아하는 사람에게
➡ "손님(고객님)은 아주 논리적이시군요"

고집이 센 사람에게
➡ "손님(고객님)은 소신이 있고 자기 주관이 뚜렷하시군요"

우유부단한 사람에게
➡ "손님(고객님)은 신중하시군요"

약삭빠른 사람에게
➡ "손님(고객님)은 아주 센스가 있으시군요"

(5) 마이너스 · 플러스 화법

마이너스 · 플러스 화법이란 같은 뜻이라도 앞의 말을 부정적으로 하고(−), 뒷말을 긍정적으로(+) 표현하여 상대방에게 기분이 좋게 들리게 말하는 것이다.

플러스 · 마이너스(+ -) 화법	마이너스 · 플러스(- +) 화법
"품질은 최고이지만 값이 비쌉니다"	"값은 비싸지만 품질은 최고입니다"
4개를 약속하고 3개를 주는 것	2개를 약속하고 3개를 주는 것

(6) 감성적인 표현사용

감성적인 표현법은 듣는 이로 하여금 마음을 움직이게 한다. 예를 들어 화장실에 문구를 "깨끗하게 사용하시오" 하는 것 보다는 "아름다운 사람은 머문 자리도 아름답습니다"라고 한다면 사용자의 마음을 더욱 움직이게 할 것이다. 따라서 감성적인 표현을 사용하기 위해서는 평소에도 부정적인 단어나 명령적인 단어 시용보다는 긍정적이고, 부드러운 단어를 사용하도록 노력해야 한다.

〈표 3-3〉 서비스요원의 7대 금지용어와 대체용어

금지용어	대체용어
"안됩니다. 또는 곤란합니다."	"죄송합니다만 …"
"제 소관이 아닙니다."	"제가 할 수 있는 일은 …"
"잘 모르겠습니다." 또는 "글쎄요."	"제가 최선을 다해 알아보겠습니다."
"제 잘못이 아닙니다."	"저희가 잘 못했습니다, 제가 기꺼이 도와드리겠습니다."
"지금은 바쁩니다."	"잠깐만 기다려 주시겠습니까?"
"다시 전화 주십시오"	"제가 다시 전화를 드리겠습니다."
"다음에 오세요"	"저희가 부족했습니다. 다음에 오시면…"

8.2 경청할 때

(1) 경청의 중요성

경청이 중요한 것은 상대방의 이야기를 경청하지 않으면 상대방의 생각을 알 수 없고, 무슨 말인지 잘 몰라 답변을 제대로 할 수 없기 때문이다. 또한 경청의 자세가 되어 있지 않으면 상대방의 의견을 무시하게 되고 자기의 주장만 옳다고 하는 등 예의를 무시하는 행동으로 인하여 상대방에게 좋은 이미지를 줄 수 없기 때문이다. 경청을 할 때는 귀로만 듣는 것이 아니라 온 몸으로 들어야 하고, 소리만 듣는 것이 아니라 상대방의 기분까지도 들어야 한다. 일반적으로 사람들은 말을 잘하는 사람보다 말을 잘 들어주는 사람을 더 좋아한다.

(2) 경청할 때 주의사항

경청할 때는 몸을 약간 앞으로 굽히고 주의 깊게 듣고, 상대방의 표정과 동작을 주시한다. 상대방의 말을 도중에 차단시켜서는 안 되고, 반응을 보이고 적당한 맞장구를 치며, 흥미를 보이고, 상대방의 입장에서 듣는다. 즉 상대방이 웃으면 같이 웃고, 울면 같이 우는 마음으로 듣는다. 또한 선입관을 버리고 적극적인 자세로 듣는다. 말을 잘하는 사람은 남의 말을 잘 듣는 사람이며, 평판이 좋은 사람은 대체적으로 말수가 적고, 상대편보다 나중에 이야기한다.

8.3 대화 시 유의사항

- 대화를 할 때 상대방과의 적정거리가 요구된다. 거리가 너무 멀면 대화의 깊이가 없고, 거리가 너무 가까우면 부담스럽다. 대화의 적정거리는 두 사람이 팔을 뻗어 손끝이 맞닿는 정도이다.
- 대화 시 시선은 상대방의 얼굴에 두어야 한다.
- 팔짱을 끼거나 다리를 포개서는 안 되며, 다리떨기, 머리카락 만지기, 손톱 깨물기, 하품 등은 금물이다.
- 대화 중에는 칭찬을 아끼지 말아야 한다. 칭찬을 할 때는 구체적으로, 간결하게, 남 앞에서 제3자를, 사소한 것을, 당사자 주변 인물을, 우연 또는 의외의 상황에서 한다.
- 첫 대면에서 여성의 나이나 결혼 여부를 묻는 것은 실례이며, 대화 중에 상대의 신체 사이즈, 신체적 약점, 수술경험, 급여, 경제상황, 부부생활 등에 대해서 질문하는 것도 실례이다.

- 여러 사람과 대화시 말할 기회를 잡지 못하는 사람에게는 적절한 질문을 하여 참여를 유도하고, 혼자서 대화를 독점해서는 안 된다.
- 겸손은 최고의 미덕이다.
- 껌이나 음식을 씹으면서 이야기하지 않는다.
- 여러 사람의 의견이 상충될 때는 어느 한쪽을 편들지 말고 객관적인 태도를 취한다.
- 다른 사람 앞에서 귓속말을 주고받지 않는다.
- 적절한 바디랭귀지를 사용한다. 즉, 칭찬을 받았을 때 목례와 미소를, 상대방의 이야기를 주의 깊게 듣고 있다는 표시로 고개를 끄덕임 등이다.
- 외국말이나 어려운 전문 용어는 대화에서 삼간다.
- 종교, 인종, 정치 등의 민감한 주제는 피해야 한다.
- 대화 중에 상대방의 옷자락을 잡거나, 어깨나 팔을 치면서 하지 않는다. 외국인의 경우 자신만의 영역을 침해한 매우 무례한 행동으로 간주한다.
- 대화 중에 웃을 때는 손으로 입을 가리지 않는다. 서양 사람들은 몰래 자신을 비웃는 것이라고 생각한다.

〈그림 3-3〉 대화의 거리

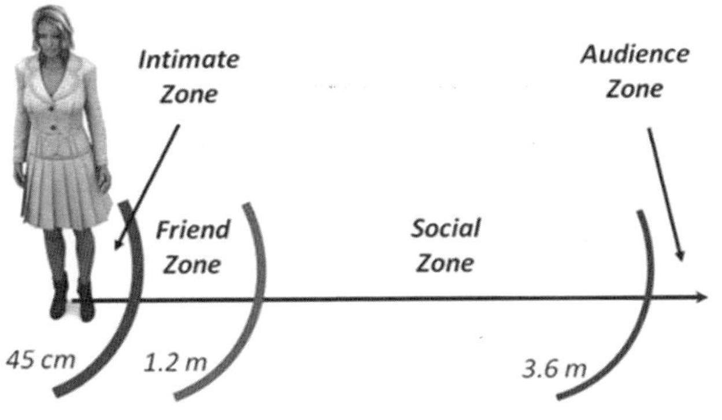

■Intimate Zone : 나만의 공간 ■Friend Zone : 친구와 대화하는 거리
■Social Zone : 비즈니스 등에서 요구되는 대화의 거리
■Audience Zone : 관심 밖 대화의 거리

8.4 질문

대화를 하다보면 궁금한 점 때문에 질문을 하게 되는 경우가 있다. 이때는 망설이지 말고 자신있게 해야 한다. 대화에 있어서 질문의 효과는 다음과 같다.

- 능동적으로 듣기 위한 수단이다.
- 대화가 성립되게 한다.
- 분위기를 반전시킬 수 있다.
- 상대방을 주인공으로 만들 수 있다.
- 상대방으로 하여금 계속 이야기하게 한다.
- 상대방으로 하여금 자신의 의견을 분명히 표명하게 한다.
- 대화를 원하는 방향으로 유도할 수 있다.

> **■ 1·2·3 화법**
>
> 1분 동안 말하고
> 2분 동안 듣고
> 3분 동안 맞장구친다.

9 호칭과 경어

9.1 고객에 대한 호칭

단골 고객일 경우는 그 고객의 직함에 '님' 자를 붙여 불러주면 좋으나 초면이나 직함을 모르는 고객을 호칭할 때는 '손님' 이나 '고객님' 이 무난하다. 만약 40대 이상의 남자고객일 경우는 '선생(先生)님' 이나 '사장님' 이란 호칭을 사용하는 것이 좋으며, 여성에게는 가족이나 부부 동반시는 '사모(師母)님' 이라고 불러주고, 혼자일 경우는 '손님' 또는 '고객님'으로 불러야 한다. 왜냐하면 그 여성이 독신일수도 있기 때문이다. 그리고 고객은 자신이 근무하고 있는 회사의 사장보다도 직함이 높다. 따라서 고객에게 자기의 상급자를 소개하거나 호칭할 때는 '님' 자를 붙여서는 안 된다(예 : 저희 사장께서…).

9.2 경어

경어를 사용하는 수준에 따라서 그 사람의 예의수준을 알 수 있다. 우리말은 다른 어떤 언어보다도 경어법이 복잡하고 어렵다. 경어에는 존경어, 겸양어, 그리고 정중히 표현하여 고객에게 간접적으로 경의를 표하는 공손어로 나눌 수 있다.

(1) 존경어

상대방을 자기보다 높은 위치에 두고 쓰는 존대어로서 동사의 일반적인 형태는 '…신다.' '…십시오.'를 취한다. 예를 들면 '만나 주십시오.' '사용하십시오.' 등을 들 수 있다.

〈잘못된 표현〉		〈바른 표현〉
손님이 있다.	➡	손님이 계신다.
손님이 먹는다.	➡	손님이 잡수신다.
어서 오세요.	➡	어서 오십시오.
사용하세요.	➡	사용하십시오.

존경어 명사의 예는 다음과 같다.

〈잘못된 표현〉		〈바른 표현〉
손님(고객님)의 이름은...	➡	손님(고객님)의 성함은...
손님(고객님)의 집은...	➡	손님(고객님)의 댁은...

(2) 겸양어

겸양어는 자기를 낮은 위치에 두고 상대를 높여 경의를 나타내는 말이다.

〈잘못된 표현〉		〈바른 표현〉
"물어보겠습니다."	➡	"여쭈어 보겠습니다."
"데리고 가겠습니다."	➡	"모시고 가겠습니다."
"말하겠습니다."	➡	"말씀드리겠습니다."
"설명하겠습니다."	➡	"설명 해 드리겠습니다."
"기다릴 줄 알았는데~"	➡	"기다리실 줄 알았는데~"

10 전화응대

10.1 전화응대의 의의

전화는 통화자의 음성 하나로 자신의 예절 수준을 가늠할 수 있다. 보통의 대화는 의사전달의 부족한 점을 표정이 보충을 해 주지만, 전화는 목소리의 표현이 유일한 전달 수단이므로 비록 상대방이 보이지는 않지만 눈앞에 있다는 생각으로 밝은 미소와 명랑한 음성, 항상 정중하고 정성을 다하는 적극적인 자세가 상대방에게 전달되도록 해야 한다. 그리고 업무가 아무리 바빠도 고객의 전화를 외면해서는 안 된다. 고객은 결코 내부적으로 바쁜 업무를 이해하려고 하지 않고, 기다리지도 않는다.

10.2 전화응대 목소리의 원칙

(1) 억양 조절

억양이란 어조에 마치 파도를 타듯이 높낮이를 주는 것이며, 목소리에 높낮이를 주는 것은 상대방에게 관심을 표명하고 있다는 것을 보여 주는 것이다.

억양이 없는 목소리는 단조로워 상대방이 흥미를 잃게 된다. 예를 들어 아이들에게 동화책을 읽어 줄 때 억양 없이 밋밋하게 읽어준다면 재미가 없다고 할 것이다.

억양을 개선하기 위해서는 전화로 이야기할 때도 미소를 짓거나, 강조하는 낱말에 강세를 주는 연습을 해야 한다.

(2) 음량 조절

음량이란 목소리의 크기이다. 목소리가 너무 크면 상대방의 입장에서는 소음으로 들리거나 화난 모습을 연상할 수도 있다. 반대로 목소리가 작으면 상대방은 답답해 할 것이다. 음량은 불가사의한 힘을 가지고 있다. 즉 상대방이 화가 나서 큰 소리로 말할 때 목소리를 높여 맞대응 하면 상대방은 더욱 화가 나지만 반대로 자신의 목소리를 차분하게 낮추어 상대방의 목소리를 자신의 수준으로 유도하게 되면 상대방의 화를 가라앉힐 수 있다.

(3) 속도 조절

목소리의 속도가 빠르면 상대방이 못 알아들을 수 있고, 느리면 답답해할 것이다. 이 두 가지의 경우 모두는 상대방에게 관심이 없음을 표명하는 것이다. 즉 목소리의 속도가 빠르면 대화할 시간적 여유가 없어 빨리 끊기를 원하거나, 느리면 전화를 받기 싫어하는 모습이다. 반대로 상대방과 목소리의 속도를 맞추게 되면 일치감을 형성할 뿐만 아니라 상대방을 편안하게 해 줄 수 있으므로 항상 적정 속도를 유지할 수 있도록 해야 한다.

10.3 전화응대법

(1) 전화를 받기 전

메모지, 볼펜 그리고 구내전화번호 리스트를 항상 전화 곁에 놓아두고 통화 내용은 항상 메모하는 습관을 길러야 한다. 자기에게 잘못된 전화가 걸려 왔을 경우 고객에게 해당 부서로 전화를 다시 걸어 달라고 하는 것은 예의가 아니므로 구내전화번호 리스트를 보고 해당 부서나 담당자에게 연결을 시켜주어야 한다. 이때 자신이 상담이나 대답을 할 수 있을 경우에는 가능한 전화를 돌리지 않는 것이 좋다.

(2) 벨이 울리면

벨이 울리면 즉시 전화를 받아야 한다. 세 번 이상 울리게 되면 주위에 소음이 될 수 있으며, 상대방에 대한 예우가 아니다.

(3) 수화기를 들면

간단한 인사말과 함께 부서명(또는 담당업무), 직책명, 이름을 말씀드리고 "무엇을 도와드릴까요?"하고 묻는다. 상대방의 용건 중 이해하기 어려운 것이 있을 경우 납득이 갈 때까지 정중히 여쭈어 보고, 들은 용건은 반드시 메모하여 재확인한다.

(4) 말하는 법

말은 분명하고 정중하게 해야 하며 표준말을 써야 한다. 대화 시에는 목소리의 크기, 고저, 속도 등을 적절히 하고, 혼동하기 쉬운 표현이나 상대방이 이해하기 어려운 전문용어의 사용은 하지 않도록 한다. 상사나 동료에게 질문을 할 때는 수화기를 아래로 향하게 하고 손바닥으로 잘 막아야 하며, 특히 고객을 지칭할 때 경칭을 사용하여 실수를 예방하여야 한다.

(5) 메시지를 전달할 때

메시지를 받기 전에는 먼저 해당자의 부재 이유를 밝히고 만약 돌아올 시간을 알고 있거나 예측이 된다면 추정해서 알려 주어야 한다. 그리고 메모를 전달해 달라는 부탁을 받게 되면 6하 원칙에 의하여 기록한 다음 전화 받은 자신의 이름을 명기하여 정확히 전달한다. 가능한 전화메모 양식을 만들어 사용하는 것이 바람직하다.

〈그림 3-4〉 전화메모 양식

전 화 메 모

_______________께

일시 :　　　　년　　월　　일　□ 오전　□ 오후　　시　　분

의　　　　　로부터

□ 전화를 바랍니다(전화번호 :　　　　　　　　　).

□ 전화를 다시 하겠다고 합니다.

□ 전화 왔었다고만 전해달라고 합니다.

□ 안부전화입니다.

□ 만나 뵙고 싶다고 합니다.

□ 메시지를 전해 달라고 합니다.

메시지 :

전화 받은이 :

(6) 전화를 끊을 때

전화를 끊기 전에는 "전화를 주셔서 감사합니다."라는 인사말과 함께 전화를 향하여 인사를 한다. 전화를 향하여 인사하는 것은 부끄러운 일이 아니고 이쪽의 성의 있는 행동이 그대로 목소리에 나타나게 하는 것이다. 그리고 상대방이 먼저 끊으면 조용히 놓는다.

(7) 전화를 걸 때

전화를 걸때에는 사전에 전화번호를 확인하고, 용건이 무엇인지, 핵심내용은 무엇인지에 대하여 명확히 한 다음 전화를 건다. 상대방이 받으면 간단한 인사말을 하고 회사명, 부서명, 직책명, 이름을 말하고, 용건은 간단명료하게 전한다. 전화를 걸 때는 시간을 고려해야 하는데, 특히 업무시작 무렵과 점심시간 그리고 밤늦은 시간에는 하지 않는다.

(8) 전화를 기다리게 할 때

전화를 기다리게 할 때는 대부분 상대방의 응답도 듣기 전에 일방적으로 대기상태로 돌려버리는 경우가 많은데, 잠시 기다릴 수 있는지 정중하게 물어보고 반드시 고객의 응답을 받은 후 전화를 대기상태로 돌려야 한다. 그리고 기다리게 할 수밖에 없는 사정을 이야기하고 얼마를 기다려야 하는지 알려주어야 한다. 다시 대기상태를 풀고 통화를 할 때는 기다려 준데 대하여 고마움을 표시해야 한다.

전화의 대기상태에서 주의할 점은 대부분 사람은 침묵을 원하거나 조용한 음악이 흘러나오기를 기대한다. 만약 자사의 제품이나 서비스를 선전하는 내용이 녹음되어 장황하게 나오거나 시끄러운 음악이 흘러나올 때는 기다림에 더욱 지쳐버린다.

(9) 전화를 연결할 때

상대방의 문의에 대하여 자신이 응답을 하지 못할 내용이라면 전화를 해당자에게 연결해야 하는데, 이때는 상대방에게 전화를 돌려야 하는 이유와 받을 사람이 누구인지에 대하여 말해주고, 전화를 돌려도 괜찮은지 물어 보아야 한다. 그리고 수화기를 내려놓기 전에 돌려서 받을 당사자가 전화를 받을 태세가 되어 있는지 확인하고 그 당사자에게 전화를 건 사람이 누구인지와 용건을 간략히 말해준다.

(10) 기타

전화는 비즈니스의 생명선이다. 따라서 근무 중에 사적인 개인 전화는 삼가야 하고, 걸려온 개인 전화는 용건만 간단히 통화하고 끊어야 한다. 자신의 개인전화 통화로 인하여 고객의 중요한 전화는 항상 통화 중이다.

> **■ 전화응대의 3 · 3 · 3 요령**
>
> 3번 이상 벨이 울리기 전에 전화를 받고
> 3분 이내에 통화를 끝내고
> 3초 후에 수화기를 놓아라.

11 고객불평처리

11.1 고객불평처리의 중요성

고객을 접객하는 곳에서 고객의 불만이나 불평은 자주 발생하게 되는데 이것을 잘 해소하지 못하면 그 고객은 영원히 돌아오지 않을 것이고 또한 부정적인 시각으로 주위에 전파하기 때문에 많은 잠재고객까지 잃을 수 있다. 따라서 고객의 불만이나 불평을 만족하게 처리해 주어야 하는데 이를 '컴플레인 핸들링(complaint handling)'이라고 한다. 빈번하게 발생되는 불평 사례를 모아 케이스 스터디(case study)를 통하여 훈련하고, 적절한 대응책을 표준화하여 대비 자세를 갖추어야 한다.

11.2 컴플레인 핸들링의 절차와 요령

(1) 컴플레인 핸들링의 절차

❶ 고객의 불만이나 불평을 경청하고 겸허하게 받아들인다. 이때 고객의 입장을 동조해가면서 긍정적으로 듣는다.

❷ 논쟁이나 변명은 피하고, 정중하고 예의 바르게 사과한다.

❸ 곧 시정될 수 있는 것은 그 자리에서 즉시 조치한다.

❹ 받아들이기 힘들거나 무리한 불평일지라도 일단 수긍자세를 취한 다음 고객을 납득시킨다.

❺ 고객의 입장에서 생각하려고 노력해야 하고 성의 있는 자세를 보인다.

❻ 이미 시정할 수 없는 사항이라면 상응하는 접대 또는 기타 서비스를 이용해 고객의 마음을 풀게 한다.

❼ 그 자리에서 두세 번 반복하여 컴플레인이 발생하지 않도록 각별히 신경을 써서 서비스한다.

❽ 자신이 해결하지 못할 사항이라면 상급자에게 보고하여 조치를 취한다.

❾ 개인적인 감정보다는 회사를 대표하는 공적인 입장에서 처리한다.

❿ 고객이 나갈 때는 다시 한번 사과하며 마지막까지 세심한 배려를 한다.

⓫ 고객의 컴플레인 사항은 기록하여 관련 직원들에게 환기시킨 다음 차후 반복하지 않도록 주의한다.

(2) 컴플레인 핸들링의 요령

컴플레인 핸들링의 효율성을 높이기 위해서는 다음과 같은 세 가지의 변화를 시도한다.

❶ 사람을 바꾼다.

신입사원에서 경력사원으로, 사원에서 간부사원으로 바꾸어 고객의 불평을 처리한다.

❷ 장소를 바꾼다.

영업 현장에서 처리하게 되면 타 고객들에게 불편을 줄 뿐만 아니라 군중심리에 의하여 감정이 더 격화될 수 있다. 따라서 사무실로 안내하여 혼자 있게 하고, 서서 대화하는 것보다는 앉아서 함으로서 감정을 진정시킬 수 있다.

❸ 시간을 바꾼다.

감정이 격화되어 있는 상태에서 대화를 하게 되면 어떠한 말도 고객이 수용하려고 들지 않는다. 즉답과 변명을 피하고 약간의 냉각시간을 가진 다음 고객에게 접근을 시도해야 한다. 이때 장시간 방치하면 더 큰 불만을 초래할 수도 있다.

제4장

비즈니스 에티켓과 매너

제4장

비즈니스 에티켓과 매너

1 비즈니스 에티켓과 매너의 개요

1.1 비즈니스 에티켓과 매너의 중요성

오늘날 지구촌의 많은 국가가 세계화(Globalization)를 지향함에 따라 국가 간의 교류가 빈번해지고 비즈니스의 무대가 확대되고 있다. 우리나라도 세계화를 위하여 많은 노력을 하고 있다. 그러나 국제 교류와 비즈니스에서는 국제적으로 통용되는 에티켓과 매너가 요구되는데 우리나라의 경우 이를 이해하지 못하여 종종 비즈니스가 실패로 끝나는 경우도 있다. 국제공항을 자주 드나든다고 해서 세계화가 되는 것은 아니다. 세계화가 되려면 사람이 세계인이 되고, 제도가 세계적인 기준에 따라야 되는 것이다. 즉 한국의 비즈니스맨들이 더 이상 한국에서만 인정받는 '로컬 코리언(Local Korean)'이 아니라 세계인의 관점에서 통용되고 있는 에티켓과 매너를 익혀 비즈니스를 성공적으로 이끌어야 할 것이다.

사실 에티켓은 나라마다 지역마다 다를 수밖에 없으므로 현지의 관행에 맞춰 따르기만 하면 된다. 동서양의 경계를 넘어 에티켓의 공통점은 '상대방을 존중하고 배려하라'는 것이다. 그러나 세계 각국의 문화와 에티켓을 서로 통달하기에는 한계가 있으며, 비교우위를 설정한다는 것도 무리이다. 따라서 국제 비즈니스에서는 '우리식'보다는 공통적으로 통용되는 글로벌 에티켓이 요구되는 것이다.

따라서 비즈니스에서 글로벌 스탠다드(Global standard)라는 말은 국가와 기업의 시스템이 세계적으로 통일된 기준에 부합해야 한다는 개념이며, 문화의 견지에서는 '세계적 보편성'으로 해석할 수 있다. 세계적 보편성을 강조하면 우리 문화의 특수한 가치와 상충될 수도 있지만, 문화의 보편성과 특수성은 동전의 양면과 같은 것으로 이해하면 될 것 같다.

1.2 문화의 관점 이해

문화란 '인간이 자연 상태에서 벗어나 일정한 목적 또는 생활을 실현하려는 활동의 과정 및 그 과정에서 이룩한 물질적 · 정신적 소득의 총칭을 일컬으며, 특히 학문 · 예술 · 종교 · 도덕 등 인간의 내적 정신활동의 소산을 가리킨다'로 정의되고 있다. 이와 같은 문화는 국가별, 세계 지역별로 상이하게 나타나고 있다. 그런데 문화를 어떤 시각에서 바라보고 접근하느냐에 따라 인식의 차이는 현격하게 나타난다. 문화의 관점은 크게 ❶ 자문화 중심주의, ❷ 문화의 사대주의, ❸ 문화의 상대주의 등 3가지로 구분할 수 있다.

(1) 자문화 중심주의

한 사회나 집단의 구성원들이 자신들의 문화가 가장 우월하다고 믿고 자기 문화의 관점에서 다른 문화를 이해하고 부정적으로 평가하는 태도를 자민족 중심주의 또는 자문화 중심주의(ethnocentrism)라고 한다. 대표적인 자문화 중심주의로는 백인우월주의와 백호주의 등을 들 수 있으며, 중국사람들이 중국이 세계의 중심이라고 생각하고 자신들의 문화가 가장 우월하다고 믿는 중화사상(中華思想)이나, 독일 나치시대 게르만 민족의 우월주의도 좋은 예이다. 이와 같은 자문화 중심주의는 자신들의 민족과 문화를 최고의 것이라고 믿기 때문에 집단에 대한 소속감이나 일체감을 강화한다는 점에서는 긍정적인 측면이 있으나, 인종 · 민족 · 계층 간의 차별과 같은 사회문제를 일으킬 수도 있고, 특히 민족 간에 분열을 초래할 수 있다는 점에서 부정적인 사상이라고 할 수 있다.

(2) 문화의 사대주의

다른 민족이나 사회의 문화를 우월한 것으로 믿고 동경하여 자기 민족과 사회의 문화를 낮게 평가하는 태도를 말한다. 이러한 문화사대주의는 사회구성원들의 소속감이나 일체감이 약화된다는 점에서 문화적 주체성을 상실할 우려가 있다.

(3) 문화의 상대주의

각 지역의 문화는 그 나름대로의 의미와 가치를 지니고 있으므로 우열을 정하거나 좋고 나쁜 것으로 비교할 수 없는 상대성의 속성이 있다. 이와 같이 타 문화를 존중하고 이해해주는 것을 문화상대주의(cultural relativism)라고 한다. 즉 인류가 살고 있는 사회는 사회마다 특수한 문화를 가지고 있으며, 다양한 문화를 올바르게 이해하기 위해서는 그 사회의 입장에서 이해하려는 태도가 필요하다. 문화의 상대성을 부정하는 극단적 태도는 자민족 중심주의로서 자기 민족의 모든 것이 타 민족의 문화보다 우월하다고 믿고 타 민족의 문화를 배척하는 태도를 갖게 된다. 지금도 지구촌에는 지역 · 인종 · 종교 간에 갈등과 분쟁이 발생하고 있다. 이러한 현상은 문화의 상대주의를 인정하지 못하기 때문이다.

1.3 국제 비즈니스문화의 이해

국제 비즈니스 상에서 문화의 관점은 문화의 상대주의 차원에서 접근해야 한다. 특히 이문화 비즈니스 커뮤니케이션을 위해서는 상대 국가의 비즈니스 문화를 이해하여 적절한 대응이 요구되는데 〈표 4-1〉은 국가 또는 지역별 비즈니스문화의 특징을 비교하여 정리를 한 것이다.

〈표 4-1〉 국가 또는 지역별 비즈니스문화의 비교

한국 및 일본 등	미국, 유럽, 홍콩, 싱가포르 등
인간관계 중시	합리주의
과거 지향형	미래 지향형
결과 지향형	과정 지향형
집단 지향형	개인 지향형
친분 및 접대 중시	룰(rule) 중시
감정적 호소	이성적 · 논리적 호소
의사결정의 비탄력성	의사결정의 탄력성

1.4 비즈니스의 사이클

일반적으로 비즈니스 사이클(cycle)은 방문 → 악수 → 명함교환 → 소개 → 상담 및 프레젠테이션 등으로 이루어진다. 부수적으로 선물교환과 음주자리 등이 있을 수 있다. 이러한 사이클의 각 접점에서 세련된 에티켓과 매너를 보여 줌으로써 성공적인 비즈니스를 이끌어야 할 것이다.

〈그림 4-1〉 비즈니스의 사이클

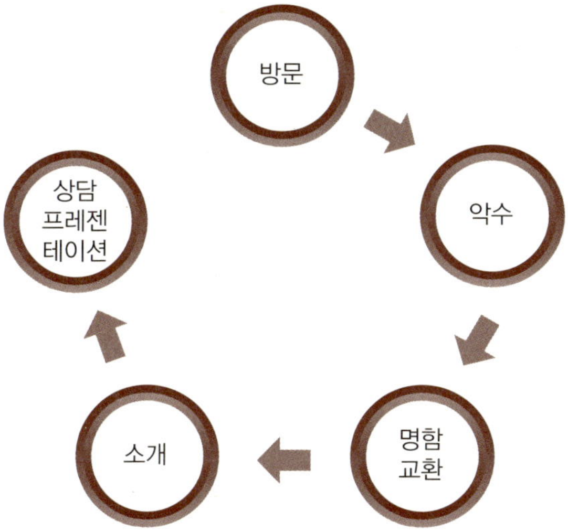

2 남성의 비즈니스 복장

2.1 비즈니스 복장의 의의

비즈니스를 위하여 상대방을 만나러 갈 때는 적절한 복장을 갖추어야 한다. 비즈니스에서 복장의 핵심은 상대방에 대한 존중과 이를 통해 나를 신뢰하게 만드는 것이다. 흔히 양복 또는 신사복(business suit)이라고 하는 정장은 원래 사무실에서 입는 복장이었으나 사회가 복잡해지고 바빠지면서 방문, 비즈니스, 오찬, 만찬 등 예의를 갖추어야 할 자리에도 자연스럽게 입게 되었다. 슈트(suit)란 상하의 한 벌이 같은 소재로 만든 옷으로서 오늘날 비즈니스 사회에서 남성에게는 상징적인 옷이다. 양복을 선택할 때는 자신의 개성과 스타일을 표현하도록 한다. 멋쟁이는 옷을 입지 않고 스타일을 입는 것이다.

2.2 슈트 색상의 종류

슈트의 기본 색상은 검정색, 감청색, 회색, 갈색 계열의 네 가지로 되어 있는데 각각의 색상마다 주는 느낌은 다음과 같다.

(1) 검정색 계열

19세기 영국의 상류사회의 남성들이 모두 이색상만 입기 시작하여 유럽 전역에 영향을 주었고 아직도 영국식 신사복의 검정색은 변하지 않고 있다. 감청색 계열보다 예복으로서의 의미가 강하고, 성실하면서 정중하게 보인다. 타이의 선택에 따라 화려하고 강렬하게 보이므로 모임의 성격이나 장소를 고려해서 입는다.

(2) 감청색 계열

깔끔하고 샤프한 인상을 주며, 포멀(former)한 스타일이기 때문에 비즈니스맨들에게는 필수적인 색상이다. 특히 공식적인 자리에는 검정색 계열과 더불어 반드시 착용하는 색상이다. 흰색 셔츠와 잘 어울리고 타이의 색상 선택이 비교적 자유롭다.

(3) 회색 계열

중후하고 안정감이 있는 색상으로 지적인 분위기를 연출한다. 셔츠의 색상 선택이 용이한 편이다.

(4) 갈색 계열

부드럽고 세련된 멋은 있지만 어울리는 셔츠나 타이가 많지 않기 때문에 웬만한 사람은 소화하기 힘든 색상이다. 유의할 점은 비즈니스 세계에서는 경원시 되는 색상이며, 런던의 시티나 뉴욕의 월스트리트 금융가에서는 이색상의 옷을 입지 않는 것으로 상식화되어 있다.

2.3 슈트 착용 시 주의사항과 코디네이션

- 연예인이 아닌 이상 화려한 색상은 피한다.
- 상하의 바깥 포켓에 가급적 소지품을 넣지 않는다. 포켓이 불룩하면 보기가 싫으며, 동전이나 열쇠소리가 나지 않도록 한다. 신사의 주머니는 가벼워야 한다. 특히 상의 가슴의 포켓은 포켓칩을 꽂는 것이므로 볼펜, 명함 수첩 등을 넣어서는 안 된다.
- 단추가 두 개인 슈트는 윗단추 1개만 채우고, 단추가 3개인 경우는 윗단추 2개만 채운다. 더블형은 모두 채운다.
- 상의, 조끼, 바지를 같은 소재로 세트화하여 입는 것이 원칙이나 조끼없이 싱글이나 더블을 입어도 무방하다.
- 조끼를 입을 때는 맨 아래 단추는 풀어놓는다. 그리고 조끼를 입을 때는 상의의 단추를 모두 풀어놓아도 실례가 되지 않는다.
- 멜빵을 할 때는 벨트를 하지 않는다.
- 벨트, 구두, 지갑을 같은 재질의 가죽제품으로 하는 것이 좋다.
- 공식석상에서는 콤비착용(상의와 바지가 서로 재질이나 색상이 다른 것)을 하지 않는다.
- 양말은 구두나 바지의 색상과 비슷한 색을 신는 것이 좋으나 보편적으로 검정색이나, 감청색이 무난하다. 특히 흰색 면양말과 흘러내리는 양말은 금물이다.
- 현금은 반드시 지갑에 넣어 보관한다. 긴 지갑은 상의 안주머니에 반지갑은 바지의 뒷주머니에 넣는다.
- 바지의 길이는 걸을 때 양말이 보이지 않도록 해야 하는데 바지의 끝이 구두밑창과 굽 사이에 오는 것이 알맞다.
- 시계는 너무 두껍거나 얇지 않은 심플한 것이 좋으며, 시계 줄은 금색이나 가죽줄이 무난하다. 전자시계 및 동화그림이나 플라스틱의 시계는 신사의 시계가 아니다.

〈표 4-2〉 양복색상에 따른 셔츠, 타이, 구두의 색상 코디네이션

양복색상	셔츠	타이	구두
감청색 계열	옅은 남색(sky blue)	감청색, 자주색	검정색
검정색 계열	흰색	검정색 줄무늬나 물방울 무늬	검정색
회색계열	옅은 회색 핑크색	와인색 계통	검정색
갈색 계열	베이지색	갈색	갈색
비고	흰색은 기본	양복은 한정되어 있으므로 타이로 변화를 추구한다.	광택이 나야 한다.

2.4 콤비 입는 요령

슈트 정장 외에 남성이 입는 복장으로 콤비가 있는데, 콤비(combi)란 콤비네이션(combination)의 축약어로서 상·하의가 다른 소재의 옷을 조화롭게 입는 옷차림을 말한다. 콤비는 스포츠 웨어에서 비롯되었고 재킷을 중심으로 입는 옷이므로 비즈니스 및 공식석상에서는 입지 않는다. 콤비는 상·하의가 잘 조화가 되어야 어울리는데 그 요령은 다음과 같다.

- 무늬가 없는 재킷을 입을 때는 무늬가 없는 바지가 좋은데 무늬가 있는 것도 무방하다. 그러나 무늬가 있는 재킷을 입을 때는 무늬가 없는 바지를 입어야 한다.
- 콤비의 색상은 일반적으로 상의가 진하면 하의는 옅은 색으로, 하의가 진하면 상의를 옅은 색으로 입으면 무난하다(예 : 감청색 상의에 회색바지). 상·하의를 같은 계열의 색상을 입거나 자신이 있을 때는 상·하의를 보색으로 입어도 좋다.

■콤비 차림

- 상 · 하의의 질감은 같은 천이 아니더라도 비슷한 계열을 입는다.
- 셔츠는 흰색에 타이는 재킷과 비슷한 색이면 깔끔해 보인다. 셔츠 색을 상 · 하의 중 하나와 같은 계열의 색상으로 맞추어 입어도 세련되게 보인다.

2.5 셔츠

(1) 셔츠의 의의

셔츠는 드레스 셔츠(dress shirt)를 약칭하여 일컫는 말인데, 흰색이 기본이었다. 그러나 1950년대 이후 색상, 무늬, 재질, 등이 조금씩 변화하기 시작하여 최근에는 다양한 색상과 칼라(깃)를 통하여 개성을 연출하기도 한다. 우리나라의 많은 사람은 드레스 셔츠를 '와이셔츠'란 용어로 사용하고 있는데, 이는 일본인들이 'White Shirt'의 발음을 '와이셔츠'라고 발음한데서 유래된 것으로 잘 못된 표현이다.

(2) 셔츠를 입는 요령

- 셔츠의 소매가 상의를 입었을 때 길이가 1.5cm 정도 보이는 것이 좋다.
- 상의 뒤쪽의 칼라는 상의보다 1~1.5cm 정도 나오는 것이 좋다.
- 슈트 차림에는 반소매 셔츠를 입지 않는다.
- 셔츠 속에는 속이 비치더라도 속옷을 입지 않는 것이 격식이다. 만약 꼭 입을 경우는 흰색을 입어야 한다.
- 셔츠는 항상 깨끗하고 다림질이 잘 된 것만 입는다.

(3) 셔츠의 칼라

- **레귤러 칼라** 가장 기본이 되는 칼라로서 상의의 스타일에 관계없이 누구에게나 어울리는 형이다. 유행에 따라 칼라의 깃이 넓어졌다 좁아지기도 한다.

- **버튼다운 칼라** 칼라 깃의 끝을 단추로 고정시키는 것으로 드레스 셔츠뿐만 아니라 캐주얼 셔츠에도 어울린다.
- **핀 칼라** 레귤러 칼라의 양쪽 깃을 핀으로 연결하는 것으로 정통과 격식을 중요시하는 신사들에게 어울리는데 대중성이 없어 구하기가 힘들다.
- **윈저 칼라** 와이드 스프레드 칼라라고도 하는 윈저 칼라는 미국의 이혼녀 심프슨 부인과 결혼하기 위해 왕위를 버린 윈저공이 자신이 고안한 넥타이 매는 법(윈저 노트)에 어울리도록 칼라의 양쪽 깃을 끈으로 연결시켜 디자인한 것이다.
- **라운드 칼라** 칼라의 끝이 둥글게 마무리된 것으로 부드럽고 귀족적인 이미지를 주지만 얼굴이 둥근 형에는 어울리지 않는다.

〈그림 4-2〉 칼라의 종류

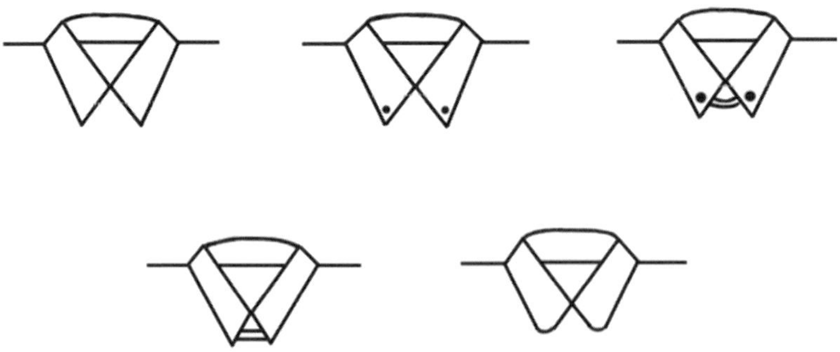

2.6 넥타이

(1) 넥타이의 의의

넥타이(necktie)의 유래는 고대 로마시대 긴 목도리를 매기 시작한 것에서부터 보는 견해가 있으나 프랑스 루이 14세때 전쟁에서 돌아온 군인들이 목에 붉은 천을 두른 것을 보고 멋진 느낌을 받은 국왕이 왕실 전속 디자이너에게 지시한 것이 오늘날 넥타이의 기초가 되었다. 그 후 18세기 영국 신사들이 매는 법

등을 고안하여 발전하게 되었다. 타이는 남성 정장차림에는 반드시 매야 하는 상징이며, 한정적이고 단조로운 양복에 변화를 줄 수 있는 소품이기도 하다.

(2) 넥타이를 맬 때 유의사항

- 타이의 길이는 벨트에 닿거나 약간 길게 매는 것이 좋다.
- 조끼를 입었을 때는 조끼 아래쪽에 타이가 보여서는 안 된다.
- 얼룩이 있거나 더러운 것은 매지 않는다.
- 타이의 색상은 슈트의 색상과 조화를 이루어야 하는데, 대체적으로 슈트의 색상과 같은 계열이면 무난하다.
- 강렬한 이미지를 주고자 할 때는 슈트와 반대색 계열을 매어도 좋다.
- 체크무늬의 양복에 체크무늬 타이는 어울리지 않는다.
- 타이는 매일 바꿔가며 매는 것이 좋다.
- 타이 무늬의 색상은 3색 이내가 좋다.

〈그림 4-3〉 타이 매는 법

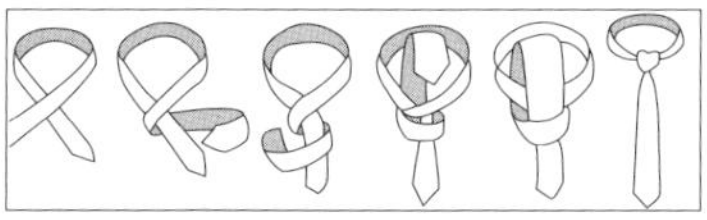

포 인 핸드 노트
Four-in-hand-knot

가장 기본적인 넥타이 매듭법. 나비 매듭에서 벗어나고자 하는 시도로 19세기 중엽 등장했다. 넥타이의 큰 날을 좌우 어느 쪽에도 걸치지 않고 한 바퀴 반 감아내려 맨다. 역삼각형 매듭 아래로 내려오는 큰 날의 시작부분을 자연스럽게 처리하는 것이 포인트다.

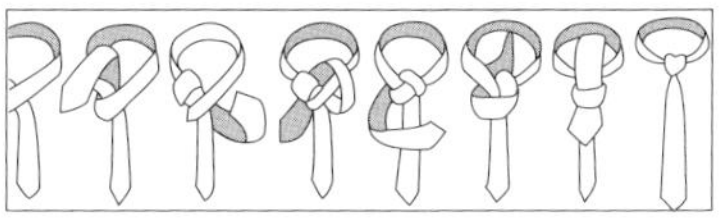

윈저 노트
Winsor knot

베스트 드레서로 꼽히는 영국 윈저공이 창안한 연출법이다. 큰 날을 좌우 한 번씩 걸어 한 바퀴 감아 내리는 방식으로 매면 된다. 양쪽 걸린 부분의 조임이 균등한 상태를 유지해야 한다. 특히 매듭 자체가 너무 커지면 품위가 떨어지므로 두툼한 넥타이를 이런 식으로 매는 것은 피하는 게 좋다.

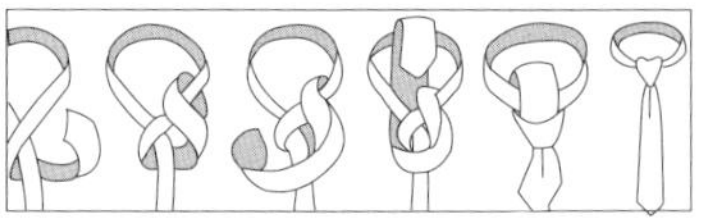

하프 윈저 노트
Half-Winsor-knot

윈저 노트가 만들어내는 정갈함이 좋긴해도 매듭이 너무 커 부담스러울 경우 이 매듭을 선택한다. 세미 윈저라고도 부르는 하프 윈저는 매듭법이 윈저 노트와 비슷하지만 큰 날을 좌우 어느 한 편만 건다는 차이가 있다. 한쪽으로만 걸기 때문에 좌우를 균등하게 만들기 위해서는 각 과정에서 꽉 조여줘야 한다. 역시 두꺼운 넥타이는 피하도록 한다.

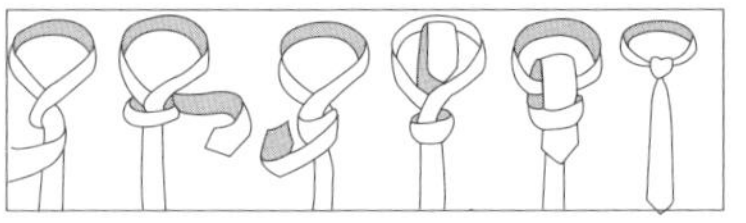

더블 노트
Double knot

플레인 노트(포인핸드 노트)보다 볼륨감을 더 주고 싶거나 풍요로운 느낌을 강조하고자 할 때 적격인 매듭법이다. 매는 방식은 플레인 노트 순서에서 큰 날을 한 번 더 감아 내리면 된다. 결국 첫 번째 감은 부분이 두 번째 감은 부분의 밑에 조금 드러나는 이중 매듭이 된다. 약간 좁은 듯한 롱칼라 셔츠에 잘 어울리며 개성적인 모습으로 자신을 연출하고 싶을 때 적합하다.

2.7 포켓 칩

슈트 상의의 가슴 주머니에 꽂는 장식 수건을 포켓 칩(pocket-chief)이라고 한다. 포켓 칩은 땀을 닦거나 물건을 싸던 보자기에서 유래되었는데 손수건을 넣을 만한 주머니가 없어 가슴에 꽂은 것이 시조가 되었다. 16세기 유럽인들은 여러 가지 포켓 칩에 미관상 수를 놓거나 보석을 박아 사용하다가 루이 16세 때에 정사각형으로 통일되었으며, 특히 영국신사들이 흰색의 포켓 칩을 사용하면서 전형화 되어 턱시도나 연미복을 착용할 때는 흰색의 포켓 칩을 꽂는 것이 매너가 되었다.

〈그림 4-4〉 포켓칩의 모양

오늘날에는 일상 정장차림에도 포켓 칩을 사용하여 세련미를 추구하고 있는데, 타이와 세트로 된 것이나 타이의 색상과 같은 계열로 착용하면 무난하다. 우리나라에서는 아직 대중화되어 있지 않아 어색한 사람이 많고, 구하기도 쉽지 않다.

2.8 넥타이 핀과 커프스 버튼

남성 복장에서의 액세서리는 많지 않은데 넥타이 핀과 커프스 버튼은 대표적인 남성복장의 액세서리라고 할 수 있다. 넥타이 핀(necktie pin)은 넥타이를 고정해 주는 핀을 말하며, 커프스 버튼(cuffs button)은 셔츠의 소맷부리를 채울 수 있는 장식이 있는 단추를 말한다. 특히 넥타이 핀과 커프스버튼을 세트화하면 훨씬 세련되어 보인다.

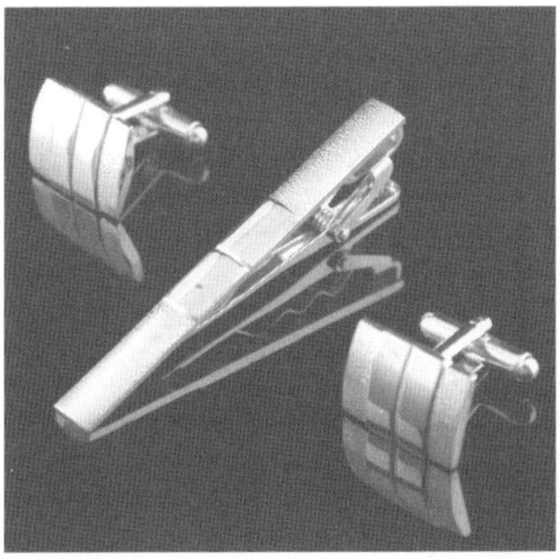

■넥타이 핀과 커프스버튼의 세트

■커프스 버튼(cuffs button)을 단 모습

3 여성의 비즈니스 복장

여성들도 비즈니스에서는 정장 차림을 통하여 상대방에게 호감과 신뢰를 줄 수 있어야 한다. 여성의 비즈니스 복장은 유행이나 연예인의 스타일을 모방하는 것이 아니라 자신의 체형이나 분위기에 어울리게 하고, 본인이 추구하는 이미지에 맞도록 연출하는 것이 중요하다. 여성의 비즈니스 복장은 겉에 입는 정장(suit)과 블라우스, 구두와 스타킹 그리고 액세서리로 표현할 수 있다.

첫째, 정장(suit) 정장의 색상은 검정색이나 짙은 색이 신뢰감을 줄 수 있으며, 스커트의 길이는 무릎위로 5cm부터 무릎아래 10cm정도가 가장 적당하다. 키가 작거나 스커트에 자신이 없으면 정장 바지를 입으면 커버를 할 수 있다.

둘째, 블라우스 및 셔츠 블라우스 및 셔츠의 색상은 흰색이나 검정색 계열에 단색이 무난하며, 너무 화려하거나 드레시한 것은 피하는 것이 좋다.

셋째, 구두와 스타킹 구두는 심플하고 깔끔한 스타일 무난하다. 스타킹은 살색이나 커피색 스타킹을 신는 것이 깨끗하고 점잖이 보인다. 또한 구두와 스타킹의 색을 맞추어 신으면 다리를 길어 보이게 하는 효과도 있다.

넷째, 액세서리 및 가방 액세서리는 여러 종류를 하기 보다는 한 두개로 효과를 극대화하는 것이 좋은 연출법이다. 특히 스카프를 할 때에는 매는 방법보다 체형이나 의상의 색상과 조화가 중요하다. 액세서리는 화려한 옷보다는 단순한 디자인의 옷에서 더욱 돋보인다. 비즈니스를 위한 가방은 구두와 같은 색상으로 맞추면 보기가 좋다.

비즈니스 상에의 꼴 불견 용모 TOP 10

■ 남성

1. 구두 속에 흰색양말 또는 흘러내린 양말
2. 세발하지 않은 머리
3. 면도하지 않은 얼굴
4. 정장과 캐주얼이 혼합된 상하의 차림
5. 드레스 셔츠에 때나 자국이 묻은 경우
6. 비닐서류 가방 및 구두
7. 메달이나 목걸이 착용
8. 전자손목시계 착용
9. 풀어진 넥타이
10. 판촉물로 받은 싸구려 문구류 사용

■ 여성

1. 야한 화장
2. 세발하지 않은 머릿결
3. 야하거나 벗겨진 매니큐어
4. 흘러내리거나 올이 나간 스타킹 착용
5. 속이 훤히 비치는 옷차림
6. 비닐가방 및 플라스틱 액세서리
7. 금색이나 은색의 가방 또는 구두
8. 통이 좁은 미니스커트
9. 장식이 요란한 블라우스
10. 지나치게 큰 보석이나 귀걸이

4 방문 에티켓과 매너

4.1 방문 에티켓과 매너의 의의

방문은 비즈니스 차원의 세일즈 콜(sales call)과 사교적 목적의 예방(courtesy call)으로 구분된다. 비즈니스 방문의 장소는 주로 사무실이지만 부부동반 등의 사교모임은 자택에서 이루어지므로 이에 대한 예절을 갖추고 있어야 한다. 방문 에티켓과 매너는 비즈니스와 사교에 있어서 각별히 신경을 써야 하는데, 잘못된 에티켓과 매너는 서로의 관계를 악화시킬 수 있다는 점에서 유의해야 한다.

4.2 약속 에티켓과 매너

사전 시간 약속(appointment)의 준수는 아무리 강조해도 지나치지 않다. 사전에 약속을 하는 것은 상대의 생활 리듬을 깨지 않기 위한 배려이다. '약속시간을 지킬 수 없다면 어떤 약속도 하지마라' 라는 말이 있다. 시간으로 돈을 벌수는 있어도 돈으로 시간을 되살릴 수는 없다. 약속시간에 늦어 망가진 첫인상은 그 어떤 것으로도 회복 할 수 없다.

대부분의 방문은 상대방이 허락하는 시간에 하게 되지만 부득이 사전 약속시간을 정하지 못하고 방문하는 경우는 방문시간대를 잘 고려하여야 하는데, 특히 식사약속이 아닌 이상 식사시간대와 업무개시 후 1시간이내 및 업무종료 1시간 전 시간대, 토요일과 같은 주말 등은 피해야 한다. 하루 중 가장 좋은 방문시간대는 오후 3시부터 5시까지이다. 오전 방문은 가급적 피하는 것이 좋다. 왜냐하면 비즈니스 목적의 오전 방문은 업무개시 후 10시부터 점심시간 전까지의 시간을 고려할 때 여유가 없고, 특히 사교적 목적의 자택 예방은 집안 청소 등의 이유로 방문객을 맞이할 준비가 안 되었을 경우가 많으므로 오전 방문을 피하는 것이 상식으로 되어 있다.

4.3 방문 장소에서의 에티켓과 매너

방문 장소의 도착은 약속시간 10분전에 도착하여 화장실에 들러 용모를 점검하고 다소 여유가 가지는 것이 좋다. 외투를 입었을 때는 들어가기 전에 벗고 들어가야 하며, 들어가서는 입구 안내자의 요구나 절차에 응한다.

일단 접견실로 들어가면 하석이 어디인지를 파악하여 자신이 앉아야 할 위치를 선정해야 하는데, 일반적으로 입구에서 먼 쪽이 상석이고 좌우의 측면에서 보면 우측이 상석이고 좌측이 하석이 된다. 착석은 상대방이 자리를 권하면 앉는 것이 예의이다. 들고 온 가방은 테이블 위나 옆자리에 놓지 말고, 자신의 발 또는 의자의 옆에 놓는다. 방문지에서 머무르는 시간은 사안에 따라 달라지겠지만 단순 방문의 경우 20분 전후가 적당하다. 너무 오래 머물면 상대방의 업무와 스케줄에 방해가 된다. 또한 방문지에서 팔짱을 끼거나 다리를 꼬거나 소파 깊숙이 등을 기대는 것은 좋지 않다.

4.4 방문객 접객 에티켓과 매너

대부분의 방문객이 사무실로 들어오면 입구에서 비서나 부하직원이 먼저 만나게 된다. 밝은 표정으로 일단 환영의 의사를 표시하고 어떻게 오셨는지 여쭌다. 상사와의 약속이 되어 있다면 상사에게 연락을 취하여 안내를 해드린다. 방문객이 좌석에 앉으면 차를 내야 하는데 커피, 티, 주스 중 어느 것을 원하는지 의사를 물어본 다음 준비해 주는 것이 좋다. 특히 커피를 제공할 때는 다음과 같은 사항에 주의해야 한다.

- 커피 잔을 제공할 때는 커피 잔의 손잡이와 스푼을 평행되게 하여 방문객이 오른손으로 쉽게 쥘 수 있도록 오른쪽 방향으로 놓아둔다.
- 프림과 설탕은 별도로 준비하여 취향에 맞게 타서 마실 수 있도록 한다.
- 물의 온도는 80~83℃가 적당하다.
- 한 잔의 양은 7~8부 정도가 적당하다.

5 악수 에티켓과 매너

5.1 악수의 의의

악수는 앵글로색슨계 민족의 남자들이 서로 전투를 하다가 우호적 관계를 맺고 싶을 때 공격하지 않겠다는 뜻으로 오른손에 쥐었던 무기를 놓고 손을 내민 것이 유래가 되었다. 오늘날에도 특별한 장애가 없는 한 오른손으로 악수를 하게 되어 있다. 악수는 서로 마주서서 손을 잡고 상하로 흔드는 동작으로서 사람들 간의 친근한 정의 표시이고, 마음의 문을 열게 하는 등 비즈니스에서는 매우 중요한 행위이다. 악수를 사양하는 것은 실례이고, 악수는 경건한 마음으로 해야 하며, 미소 띤 얼굴로 마음에서 우러나오는 태도를 취해야 한다.

악수는 원칙적으로 손윗사람(연장자, 상사, 선배)이 아랫사람(연소자, 부하, 후배)에게, 여성이 남성에게 먼저 청하면 응하는 것이다. 단, 국가원수 · 왕족 · 성직자는 예외이며, 파티에서 호스트인 남성은 여성에게 먼저 청할 수 있다.

5.2 악수 에티켓과 매너의 실제

- 악수는 원칙적으로 오른손으로 한다. 만약 오른손에 부상을 당했을 경우는 왼손으로 할 수 있으나 왼손은 부정적으로 간주하는 경향이 있으므로 양해를 얻어 사양하는 것이 바람직하다.
- 손을 쥘 때 너무 느슨하게 쥐게 되면 냉담한 느낌을 주게 되고, 손가락 끝을 잡거나 스치듯 가볍게 쥐게 되면 상대방을 경멸하는 인상을 줄 수 있다.
- 너무 강하게 쥐는 것도 실례이다. 남성들끼리는 적정한 힘으로 쥐어야 하고, 여성에게는 힘을 약간 빼는 것이 좋으며, 손을 너무 오랫동안 쥐고 있어서는 안 된다.
- 손을 흔들 때는 상하로 가볍게 흔들어야 하고 자신의 어깨보다 높이 올라가면 안 된다. 특히 여성과 악수할 때는 살짝 흔드는 것이 좋다.

- 시선은 상대방의 눈을 보아야 하며 시선을 다른 곳으로 돌리면 비굴하거나 떳떳하지 못한 사람으로 오해를 받을 수 있다.
- 상대가 악수를 청할 때 남성은 반드시 일어서야 하고 여성은 앉은 채로 받아도 무방하다. 그러나 연하의 젊은 여성은 앉은 채로 받으면 보기가 안 좋다.
- 악수를 하면서 왼손으로 상대의 손을 맞잡고 굽실거리거나 어깨를 껴안는 행위는 옳지 않다.
- 장갑은 악수할 때 벗어야 한다. 만약 장갑을 벗느라 상대를 기다리게 할 경우는 양해를 구한 뒤 장갑을 낀 채 신속하게 대응하는 편이 낫다. 그러나 여성에게는 반드시 벗어야 하고, 여성은 승마나 청소용 장갑이 아닌 이상 꼭 벗을 필요는 없다.
- 악수를 하면서 머리를 숙일 필요는 없다. 당당하게 해야 한다. 다만 대통령이나 왕족을 대하는 경우는 머리를 숙여 경의를 표한다.
- 여성은 남성에게 악수를 청하지 않아도 실례가 아니므로 가벼운 목례와 미소로 대신해도 무방하다.
- 손에 입맞춤하는 것은 결혼한 여성에게 정중한 인사의 표시로서 남성이 여성의 손을 잡고 상반신을 굽혀 가볍게 손등에 입술을 대는 행위이다. 그러나 과거에는 널리 행하여졌지만 오늘 날 미국이나 영국에서는 거의 사라졌다. 일부 유럽국가, 라틴계 남미국가에서는 아직도 자연스러운 에티켓으로 간주하고 있다.

5.3 악수의 5원칙

(1) 미소(smile)

처음 만난 사람과 악수할 때에는 자연스럽고 부드럽게 미소를 지어 보여야지 친근하면서 긍정적인 인상을 심어줄 수 있다.

(2) 눈맞춤(eye-contact)

상대방의 눈을 보지 않고 하는 악수는 큰 실례가 된다. 악수를 하거나 상담을 진행할 때는 적당히 상대의 눈을 응시해 주어야 상대에게 신뢰감을 줄 수 있다.

(3) 적당한 거리(distance)

지나치게 가깝거나 먼 거리에서 손을 뻗는 것이 팔꿈치가 자연스럽게 굽혀지는 정도의 거리에 서서 손을 내밀어야 한다.

(4) 리듬(rhythm)

악수할 때 손을 잡고 지나치게 흔드는 것은 실례이다. 두세 번 정도 흔드는 것이 가장 적당하다. 또 잡은 손을 놓을 때에 너무 오래 잡고 있으면 상대방에게 부담을 주고, 잡자마자 손을 놓으면서 차가움을 줄 수 있다. 따라서 두세 번 정도 흔들고 약 2초 정도 잠시 잡았다가 놓는다.

(5) 적당한 힘(power)

악수를 할 때는 적당히 힘을 주면서 상대방의 손을 잡아야 한다. 너무 세게 쥐거나(Bone Crush형), 손가락을 쥐거나(Finger Pinch형), 힘없이 쥐는 것(Dead Fish형)은 예의가 아니다. 이러한 유형은 다음과 같은 인상을 줄 수 있다.

- Bone Crush형

■ 손의 뼈가 으스러지도록 세게 잡는 유형으로서 "당신을 꼭 누르고야 말겠다."는 의미를 줄 수 있다.

• Finger Pinch형

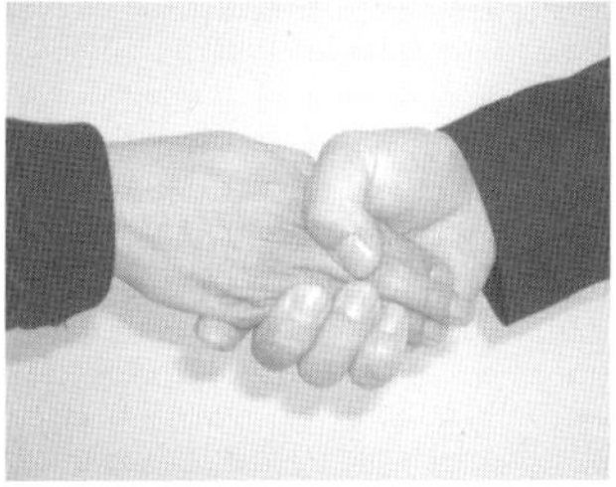

■ 손가락만 쥐면서 악수하는 유형으로서 "당신은 나보다 아래이다"라는 인상을 줄 수 있다.

• Dead Fish형

■ 죽은 물고기를 잡듯 힘없이 잡는 유형으로서 서양인들이 가장 싫어하는 악수라이며, "나는 당신에게 관심이 없다"라는 인상을 줄 수 있다.

6 소개 에티켓과 매너

6.1 소개 에티켓과 매너의 의의

비즈니스 상에서는 자기 자신을 소개하거나 다른 사람을 소개하거나 소개를 받기도 한다. 특히 다수가 참여하는 비즈니스에서는 적절한 소개 에티켓과 매너가 요구되며, 소개는 첫 만남의 분위기 조성과 부드러운 대화를 유도한다는 점에서 유의할 필요성이 있다.

6.2 자기소개 요령

(1) 가지소개의 원칙

- 자신을 소개할 때는 이름을 다 밝힌다.
  (예 : ○○회사 金대리입니다. → ○○회사 金○○대리입니다.)
- 자기소개는 가능한 짧게 하고, 상대방이 기억할 수 있도록 간단한 말을 곁들인다.
- 자기소개를 할 때 간단한 유머는 좋으나 지나치면 오히려 가벼워 보일 수 있다.
- 사교모임에서 자신의 직함은 가능한 언급하지 않는 것이 좋으며, 나중에 명함을 통해서 알게 한다.

(2) 자기 이름의 스토리텔링

자신을 소개할 때는 자신의 이름이 상대방에게 기억되도록 스토리텔링을 만든나. 예를 들면 다음과 같다(타니아 리, 2008).

- 성씨의 유래나 본관
- 유명한 조상에 대한 이야기
- 돌림자에 대한 이야기
- 이름을 얻게 된 사연이나 동기
- 이름으로 얻은 별명
- 한자풀이
- 이름 때문에 있었던 에피소드
- 연예인 이름 활용
- 이름 앞에 자신의 슬로건을 붙이기 등을 들 수 있다.

6.3 소개 에티켓과 매너의 실제

- 남성을 여성에게 소개한다(단, 남성의 지위가 월등할 경우는 여성을 남성에게 소개한다).
- 손아랫사람(후배, 연소자, 하급자)을 손윗사람(선배, 연장자, 상급자)에게 소개한다.
- 지명도가 낮은 사람을 높은 사람에게 소개한다.
- 여성일지라도 집안의 식구를 외부 사람에게 소개한다.
- 사내직원을 외부사람에게 소개한다(단, 사내직원의 지위가 월등히 높을 경우는 반대로 한다).
- 남성이 여성을 소개받을 때는 반드시 일어서야 되지만 여성이 남성을 소개받을 때는 꼭 일어서지 않아도 된다.
- 동성끼리는 서러 일어서서 소개를 주고받는다.
- 성직자, 나이 차이가 많이 나는 연장자, 지위가 월등히 높은 사람을 소개받을 때는 남녀 모두 일어서야 한다.
- 파티를 주최한 호스티스(hostess)는 여성일지라도 남성을 소개받을 때는 일어서야 한다.
- 소개받은 후 동성 간에는 악수를 하고 이성 간에는 가벼운 목례를 하는 것이 좋다.
- 사교모임에서는 명함을 거의 주고받지 않으므로 소개받자마자 곧 명함을 내미는 것이 아니다.
- 외국인에게 자기를 소개할 때는 지위를 밝히지 않고 이름과 성만 말하는 것이다. 특히 자기의 이름 앞에 'Mr'와 같은 경칭을 붙여서는 안 된다.

6.4 서양인의 이름과 호칭

(1) 서양인 이름의 구조

외국인과의 소개에서는 서양인의 이름과 호칭에 대한 이해가 필요하다. 서양인의 이름 배열은 본명(first name, given name), 중간 이름(middle name), 성(last name, family name, surname)으로 구성되어 있다.

예 : Mr. John Franklin Kennedy

'John' 은 퍼스트 네임(first name)으로서 본명이다. 기독교인들은 세례명(christian name)으로 정하기도 한다.

'Franklin' 은 미들 네임(middle name)으로서 호칭할 때는 생략하기도 한다. 단, 편지 등의 공식문서에 표기할 때는 써야 한다.

'Kennedy' 는 라스트 네임(last name)으로 성(family name)을 말한다.

서양인의 이름을 호칭할 때는 first name + last name으로 부르거나 이 중 하나만 부르는 것이 관행이다. 표기할 때는 모두 적는 것(full name)이 예의이나 이름이 다소 길므로 middle name이나 first name을 이니셜(initial : 이름의 철자 중 맨 앞 자만 대문자로 표기하는 것.)로 표기하기도 한다.

예(미국식) : Mr. John F. Kennedy 혹은 Mr. J. Franklin Kennedy
예(영국식) : Mr. J. F. Kennedy

서양에는 아버지가 아들에게 이름을 물려주는 관습이 있는데 이 때는 아버지의 이름에 Junior를 붙이고, 그 아들이 또 자신의 아들(아버지의 입장에서는 손자)에게 물려 줄 때는 3rd를 붙인다. 만약 사촌이 이름을 물려 받을 때는 2nd를 붙인다. 이러한 Junior, 2nd, 3rd는 이름을 물려준 사람이 사망하면 떼게 된다. Junior의 표기 방법은 전부 쓸 때는 소문자로 'junior', 약자로 쓸 때는 'Jr.', 숫자로 쓸 때는 'Ⅱ'라고 쓴다.

> 예 Mr. John Franklin Kennedy junior
> Mr. John Franklin Kennedy Jr.
> Mr. John Franklin Kennedy II

(2) 서양인의 호칭

우리나라와는 달리 서양의 이름은 다소 복잡한 체계로 되어 있는데, 사교에 있어서 호칭을 할 때는 정확하게 사용해야 한다. 일반적으로 서양인을 호칭할 때는 성(last name)앞에 남성의 경우는 'Mr.'(Mister의 약어), 기혼 여성에게는 'Mrs.'(Mistress의 약어), 미혼 여성에게는 'Miss'라는 경칭을 붙여 부른다.

여성에게 붙이는 또 하나의 경칭으로 미즈(Ms.)가 있는데, 남성이 결혼의 여부와 관계없이 'Mr.'를 사용하는데 비하여 여성은 'Miss'와 'Mrs.'로 구분하여 사용하는 것에 대응하고, 남녀평등 차원에서 또는 미혼이나 기혼 여부를 밝히기 꺼리기 위해서 만든 것이다.

그 외 소년에게 붙이는 경칭으로 도련님, 아드님이라는 뜻의 마스터(Master)가 있다. 그런데 경칭을 아무에게나 남발하면 오히려 고지식하게 보인다. 그렇다고 함부로 이름을 부르면 예의에 어긋난다. 따라서 다음과 같은 기준을 가지고 부르면 좋을 것이다.

첫째, 친구처럼 잘 알고 지내거나 대등한 위치에 있는 사람이면 경칭을 생략하여 이름만 부르는 것이 자연스럽다.

둘째, 상대방의 지위나 나이가 높더라도 본인이 이름만 불러달라면 경칭을 생략하고, 그에 따른다. 예를 들어 상대방이 "Please call me Johnson(존슨이라고 불러 주세요)"라고 하면 'Mr.'를 생략하고 그냥 'Johnson'이라고 부른다.

남성이나 여성에게 일반적으로 붙이는 경칭 외에 사회적으로 지위가 높은 사람이나 전문 직업인에게는 그에 맞는 경칭을 사용하도록 한다. 예를 들면 의사와 같은 전문인이나, 박사학위를 취득한 사람에게는 성(last name)앞에 'Mr.' 대신에 'Dr.'(doctor의 약어)라는 용어를 써야하며, 'Dr.'는 남녀를 불문하고 자격 있는 사람이면 누구에게나 붙일 수 있다. 그리고 교수에게는 'professor'를 붙여 부르고, 약자로 표기할 때는 'Prof.'라고 쓴다.

예 Dr. Kim
Prof. Lee

'Sir'은 겸양어로서 말하는 사람이 스스로 지위를 낮추어 부르는 말이다. 'Sir'의 사용 시 주의할 점은 다음과 같다.

- 여성에게는 Sir이라고 하지 않는다.
- 나이, 지위가 비슷한 사람에게는 사용하지 않는다.
- 여성은 남성의 지위가 아무리 높아도 나이가 비슷하면 'Sir'을 붙이지 않는다.

또한 직업과 관련하여 남녀평등을 위한 명칭을 사용해야 하는데, 주요 직업에 대한 용어는 다음과 같다.

chairman(의장) ➡ chairperson
policeman(경찰) ➡ police officer
fireman(소방관) ➡ fire fighter
postman(집배원) ➡ mail carrier
salesman(판매원) ➡ salesperson

7 명함 에티켓과 매너

7.1 명함의 의의

명함은 프랑스 루이 14세 시대부터 사용한 것으로 전해지고 있다. 당시 사교계에서 귀부인들이 자신의 이름을 트럼프 카드에 써서 왕에게 올린 것이 시초가 되었다. 그 외 중국에서는 예부터 지인의 집을 방문했을 때 상대방이 부재 중이면 이름을 적어 표시를 남겼고, 독일에서도 16세기 경 이름을 쪽지에 적어 사용하였다고 한다. 이후 흰 종이에 직접 자신의 이름을 써서 쓰다가 오늘 날 동판인쇄의 명함으로 발전하게 되었다.

명함은 회사를 대표하여 외부인사에게 자신과 회사를 인식시키고, 첫 이미지를 형성시키는 중요한 커뮤니케이션이며, 자기소개서라고 할 수 있다. 또한 명함은 단순한 한 장의 종이가 아니라 그 사람의 얼굴이며 인격이다. 따라서 명함을 품위 있게 만들고 올바르게 사용해야 한다.

7.2 명함의 규격과 제작

명함은 국가별, 회사별 또는 개인의 취향에 따라 다소 차이가 있겠지만 가로 9cm 세로 5.5cm 정도 직사각형의 순백지에 가로쓰기의 고딕체나 명조체로 인쇄하는 것이 기본이다. 색지 이용, 금테 두르기, 모서리를 둥글게 하는 것, 세로쓰기 등을 삼가야 한다. 최근 개성을 살린 독특한 명함을 많이 만드는데, 지나친 디자인과 그림, 색상 등은 지양해야 한다.

명함의 종류는 우리나라 경우 통상적으로 업무용 명함(business card) 한 종류를 사용하지만, 서양의 경우 사교용 명함(calling card)이 별도로 있다. 업무용 명함은 업무관계로 사용하기 때문에 직장명, 주소, 전화, 직위 등을 기입하나 사교용 명함에는 회사 등 업무상의 주소는 적지 않는다. 사교명함은 공식

파티 등에서 주로 사용하는 것인데, 최근에는 외교관이나 군인 등의 특수한 신분을 제외하고는 사용하지 않는다.

명함에 기입하는 내용은 중요한 사항만 간결하게 적어야 한다. 회사명 외에 자기가 소속된 사회단체 이름을 병행하거나 직위 등을 과시하는 등 여러 개 나열하는 것은 좋지 않다. 외국에서 사용할 영문 명함은 사원일 경우 중앙에 회사이름이 들어가고 왼편하단에 성명, 부서, 회사주소를 넣고, 중역일 경우 중앙에 큰 글씨의 이름, 직위, 주소 등은 중앙에 작은 글씨로 인쇄한다.

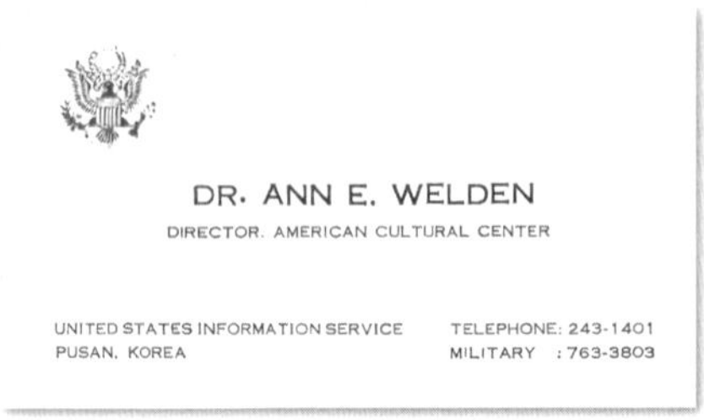

■외국인의 명함

7.3 명함 에티켓과 매너의 실제

- 명함은 서서 주고받으며, 내밀 때는 상대방의 가슴 높이가 적당하다.
- 명함은 하위에 있는 사람이 먼저 건네고 상위자의 명함을 받을 때는 왼손으로 가볍게 받쳐 드는 것이 예의이다.
- 명함을 줄 때는 명함의 오른쪽 끝을 엄지손가락과 집게손가락으로 잡고 건넨다.
- 명함을 건넬 때는 반드시 상대방에서 읽기 편하게 자기의 이름이 상대방 쪽을 향하게 한다.
- 쌍방이 주고받을 때는 오른손으로 주고 왼손으로 받는다.
- 상대방으로부터 받은 명함을 볼 때는 두 손으로 잡고 본다.
- 명함을 주고받을 때는 자기의 소개를 간단하게 한다.
- 상대를 기다리게 하고 명함을 찾는 것은 매너에 어긋난다.

- 명함은 반드시 명함지갑에 넣어 사용해야하고 상의 안쪽에 넣어 다닌다.
- 돈을 넣는 지갑에 넣고 바지 뒷주머니에서 꺼내는 것은 미관상 좋지 않다.
- 받은 명함은 즉시 포켓에 넣지 말고 성이나 이름, 회사나 직위에 대하여 잠시 대화를 나눈다.
- 상대방 명함의 이름이 모르는 한자나 영어발음이 어려울 경우 그 자리에서 확인하여 나중에 실수를 막는다.
- 복수로 명함을 받았을 때는 앉아있는 순서대로 명함을 나열하여 호칭할 때 실수가 없도록 한다.
- 받은 명함 위에 글씨로 메모를 하지 않는다. 만약 주위에 메모지가 없다면 양해를 구하고 깨끗한 필치로 적는다.
- 서양인은 비즈니스가 아니면 첫 대면에서 명함을 주고받는 일이 거의 없고 대화를 나누다가 필요한 경우에는 헤어질 무렵에 교환한다.
- 오른손으로 악수를 하면서 동시에 왼손으로 명함을 내밀어서는 안 된다.

〈표 4-3〉 직위의 영문표기

국문	영문
회장(會長)	Chairman(남자의 경우)
부회장(副會長)	Vice Chairman(남자의 경우)
사장(社長)	President
부사장(副社長)	Senior Executive Vice President
전무이사(專務理事)	Senior Managing Director
상무이사(常務理事)	Managing Director
이사(理事)	Director
감사(監事)	Auditor General
고문 · 자문(顧問)	Director
부장(部長)	General Manager
본부장(本部長)	Director
부장대리(部長代理)	Deputy General Manager

국문	영문
차장(次長)	Deputy General Manager
실장(室長)	General manager
과장(課長)	Manager
대리(代理)	Assistant manager

8 상담 및 프레젠테이션 에티켓과 매너

8.1 상담 에티켓과 매너

(1) 상담의 의의

상담은 비즈니스를 성공적으로 이끄는데 결정적 역할을 한다. 우리나라 사람들이 국제 비즈니스 상에서 협상력과 상담 에티켓이 부족하여 종종 실패를 보는 경우가 있다. 예를 들어 서류를 사전에 순서대로 정리해 놓지 않아 현장에서 가방을 뒤적이게 되면 상대방에게 허점을 보여주게 되는 것이다.

따라서 사전에 철저한 준비와 상담 에티켓을 익혀둠으로써 비즈니스를 성공적으로 이끌어야 할 것이다.

(2) 상담 준비

상담에 들어가기 전에 필요한 서류를 순서대로 재확인하고, 상담의 구체적인 목표와 주제를 요약하고 정리해 둔다. 또한 사전에 시청각 자료를 이용해서 리허설을 해보고, 예상 질문에 대한 답변도 사전에 준비하고 리허설을 한다.

(3) 상담 포인트

상담은 약속된 시간 정시에 시작하며, 목표를 분명히 한다. 상담이 시작되면 곧바로 본론에 들어가지 말고, 날씨 등을 주제로 분위기를 부드럽게 만든다. 상담 중에는 상대방 입장을 경청하고 긍정적인 자세를 견지하고, 감성에 호소하기보다는 논리적이어야 한다. 상담이 끝나게 되면 내용을 요점 정리하고, 최종적으로 합의된 사항은 문서화한다.

(4) 상담 에티켓과 매너의 실제

- 인사가 끝나자마자 곧바로 본론으로 들어가지 않는다.
- 상대방 말을 모두 메모하지 않아야 한다. 그렇게 되면 상대방이 본심을 털어놓지 않을 수도 있다.
- 상대방이 말하는 도중에는 끼어들지 않는다.
- 대화 중에 자기들끼리 입을 가리고 소곤거리는 것은 좋지 않다.
- 자신의 의사를 전달할 때는 핵심사항을 간결하고 쉽게 표현한다.
- 대화 중에는 상대방의 눈을 응시해야 한다.
- 칭찬을 고맙게 받아들이고 칭찬을 할 줄도 알아야 한다.
- 외국인과 대화를 할 때는 표정을 어느 정도 과장하는 것이 좋다.
- 상대방의 생활이나 문화에 관심을 보인다.
- 개인적 이해관계는 초월한다.
- 정치적 문화적으로 미묘한 이슈는 가급적 회피한다.
- 상대방의 협상계획을 존중한다.
- 담배는 사양해도 예의에 어긋나지 않는다.
- 머리를 한쪽으로 기울인 채 중요한 발언을 해선 안 된다.
- 적절한 제스처와 바디 랭귀지의 구사는 물론 이해할 줄도 알아야 한다.

(5) 바디 랭귀지의 이해

바디 랭귀지(Body language)는 비언어적 의사소통의 한 종류로, 몸으로 의사소통을 하는 것을 말하며, 주로 서로 언어가 달라 말이 안 통할 때 사용한다.

바디 랭귀지와 유사한 용어로 제스처(gesture)가 있는데, 말의 효과를 더하거나 뜻을 전하기 위해서 하는 몸짓이나 손짓을 말한다.

미국 UCLA 대학의 앨버트 메라비언(Albert Mehrabian) 박사는 '커뮤니케이션은 언어 7%, 음성 38%, 표정과 몸짓 55%로 이루어진다.' 는 법칙을 만들었다. 이를 자신의 이름을 따 '메라비언의 법칙(The Laws of Mehrabian)' 이라고 명명하였다. 즉 언어는 고작 7%밖에 되지 않는데, 비언어적 요소인 표정과 몸짓과 같은 바디 랭귀지가 커뮤니케이션을 좌우한다는 것이다.

〈그림 4-5〉 커뮤니케이션의 수단 - 메라비안 법칙(The Laws of Mehrabian)

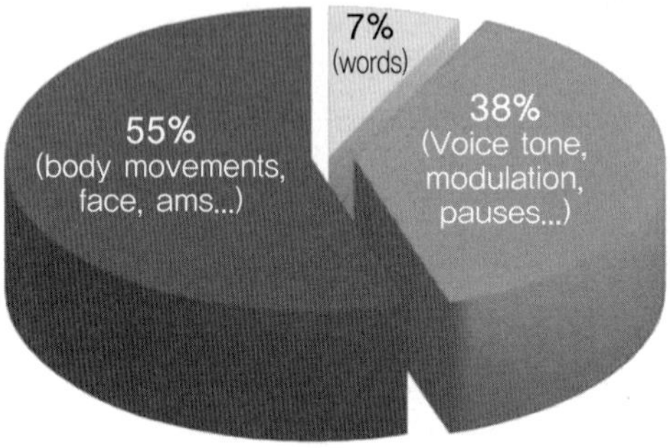

비즈니스에서 바디 랭귀지는 다음과 같이 이해할 수 있다.

- 코끝이나 귓불을 만질 경우 의심이 가거나 설득이 되지 않는다.
- 검지를 입가에 대면 결정을 내리는 모습이다.
- 엄지와 검지를 펴서 턱을 괴면 부정적이고 비판적인 표시이다.
- 팔장을 끼면 대화의 문을 닫거나 개입하지 않겠다는 부정적인 표시이다.
- 다리를 꼬아서 상대방 쪽으로 향하면 상대에게 관심을 보여주는 것이고, 다른 방향으로 돌리면 관심이 없다는 표시이다.
- 흡연 시 담배연기를 위로 내뿜으면 긍정적이거나 우월감과 자신감을 나타내는 것이고, 아래로 내뿜게 되면 부정적이고, 고민하는 모습니다.

- 머리를 긁는다면 서양은 비듬과 가려움을 의미하고, 동양은 미안하다거나 생각이 빨리 나지 않아서 답답하다는 뜻이다.
- 입을 가린다면 서양은 거짓말을 해서 미안하다는 의미이고, 동양은 쑥스럽거나 창피하다는 뜻이다.
- 손톱으로 턱을 바깥쪽으로 튕긴다면, 서양에서는 흥미가 없다는 뜻이다.
- 엄지손가락을 코끝에 댄다면 유럽에서 남을 비웃을 때의 표현 방식이다.
- 손가락 끝에 키스를 한다면 멋지다는 뜻이거나 감탄과 존경을 의미한다.

〈표 4-4〉 세계 각국 바디랭귀지 이해

구분	의미
V자 사인	영국과 프랑스 등 대부분 유럽 국가에서는 손바닥을 바깥쪽을 향하여 V자 사인을 보내면 승리의 의미이지만 그리스에서는 지독한 욕이 되고, 반대로 손등을 바깥쪽으로 하여 V자를 그려야 승리의 의미인데, 영국과 프랑스에서는 오히려 이것을 꺼져버리라는 의미로 받아들이는 등 그리스와 유럽 국가 사이에는 같은 손 모양의 V자 표시이더라도 정반대의 뜻을 지니고 있다.
윙크하기	대부분의 국가에서의 윙크(wink)는 상대에게 관심을 나타내거나 암시를 뜻하지만 인도와 호주에서는 모욕을 주는 것으로 이해한다.
검지 구부리기	일본과 호주에서는 외설적 행위를 뜻한다.
엄지 세우기	대부분의 국가에서는 최고를 의미하지만 호주에서는 거절 또는 무례함의 표시이며, 중동은 음란행위를 의미한다.
귀잡기	인도에서는 후회, 실수에 대한 사과를 의미하고, 브라질에서는 "이해한다", "잘 먹었다"는 의미이다.

(6) 상담 테이블 배치

- **원형테이블** 이 테이블배치의 장점은 참석자 모두가 대등한 위치에서 자유로운 토론이 가능하다는 점이고 단점은 상담을 주도하는 사람의 위치를 정하기 어렵다.
- **직사각형 테이블** 이 테이블배치는 공식적인 스타일로 대표를 중심으로 양옆으로 스태프들이 앉고 상대측도 맞은편에 같은 배열로 앉아 협상이나

계약체결에 적합하며 단점은 분위기가 딱딱해질 우려가 있고 대표위주로 진행되는 것이다.

• **V자형 테이블** 이 테이블배치는 각종 도구를 이용하여 프레젠테이션할 때 가장 적합하다.

〈그림 4-5〉 V자형 상담 테이블

8.2 프레젠테이션

(1) 프레젠테이션의 의의

상담시간을 전후하여 상품 설명 등 비즈니스의 목표를 달성하기 위하여 프레젠테이션을 할 것이다. 프레젠테이션(presentation)은 일반 대화와는 성격이 다르다. 상담 상대 또는 청중 앞에서 하는 것이므로 다소 긴장을 할 수도 있다. 따라서 사전에 연습을 하고 시작하기 전에는 긴 호흡 등을 통하여 긴장을 해소하고 들어가야 한다. 프레젠테이션에는 '청중의 미란다(Miranda) 권리' 라는 것이 있다. 즉 청중은 가치 없는 프레젠테이션을 진행할 경우 잠을 잘 수도 있으며, 강사를 새로 선임할 권리가 있다는 것이다.

프레젠테이션을 할 때는 원고를 줄줄이 읽지 말고 핵심을 이야기하면서 주제를 일관되게 견지해야 한다. 때로는 예와 비유를 활용하는 것도 좋은 방법이며, 특히 적절한 제스처와 말의 톤을 중요한 대목에서는 강하게 하는 등 리듬을 줌으로써 상대방을 지루하게 해서는 안 된다. 필요한 경우 프레젠테이션 도구를 사용하는데, 최근에는 빔 프로젝트에 컴퓨터를 연결하여 투사하는 것이 보편화되고 있다.

프레젠테이션이 중요한 것은 프레젠테이션을 하는 사람이나 소속회사의 실력이 드러나 비즈니스의 성공여부가 달려있기 때문이다. 특히 국제비즈니스에서는 적게는 수만 달러에서 많게는 수천만 달러에 이르는 자사의 계약이 프레젠테이션에 달려있다는 점에서 그 중요성이 매우 높다고 할 수 있다. 간혹 경쟁자에 비해 희망이 없던 비즈니스 계약이 프레젠테이션으로 인하여 최종 계약자로 선정되는 경우도 있다. 기업은 상품의 질과 가격으로 평가 받는다면 비즈니스 맨의 능력은 프레젠테이션으로 평가 받는 것이다.

따라서 프레젠테이션 스킬(presentation skill)을 익히고, 그에 따른 에티켓과 매너를 통하여 비즈니스를 성공적으로 이끌어야 할 것이다.

(2) 프레젠테이션의 5단계

❶ 소개(introduction)

❷ 개요설명(overview)

❸ 본문 설명(main body of the presentation)

❹ 요약(summary)

❺ 질의 · 응답(question and answer)

(3) 프레젠테이션의 성공비결

- 상대방의 무관심을 관심으로 전환하라
- 모르는 것을 알게 하라
- 상대방으로 하여금 결심하고 행동하게 하라
- 간단하고 짧게 하라
- 읽지 말고 전달하라

• 자신감이 있고, 열정적이며, 명쾌한 목소리로 말하라
• 적절한 유머와 제스처를 사용하라

(4) 프레젠테이션의 옷차림

• 너무 사치스럽게 입지 않는다. 청중과 거리감을 유발시킬 수 있다.
• 너무 캐주얼하게 입지 않는다. 비전문가라는 인상을 줄 수 있다.
• 옷차림이 단정해야 한다. 단정하지 못하면 청중을 존중하지 않는다는 느낌을 줄 수 있다.

(5) 프레젠테이션 자세의 유의사항

• 너무 경직된 자세를 취해서는 안 된다.
• 어딘가에 기대지 않는다.
• 한 쪽 다리에만 의지하여 서 있지 않는다.
• 몸을 앞뒤 또는 좌우로 흔들지 않는다.
• 행동반경 너무 넓거나 좁지 않도록 한다.
• 포켓에 손을 넣지 않는다.
• 뒷짐이나 팔장을 끼지 않는다.
• 제스처를 반복하여 사용하지 않는다.
• 바닥, 벽, 천장을 보고 말하지 않는다.
• 특정인에게만 눈을 맞춰 말을 않는다.

(6) 파워포인트 등 시청각 자료 프레젠테이션에서 방법

일반적으로 프레젠테이션은 파워포인트 등 시청각 자료를 사용하게 되는데, 90% 이상이 이미 쓰여 있는 내용을 한 번 더 그대로 읽는 방식을 취한다고 한다. 이러한 프레젠테이션은 매우 지루하게 만든다. 텍스트를 그대로 따라 읽으면 그 말의 가치는 현격히 떨어지는 것이다. 따라서 용지에는 키워드만을 써놓

고, 설명을 할 때에는 그 키워드를 스토리로 풀어서 자유롭게, 그리고 흥미 있게 이야기해야 한다. 파워포인트 등 시청각 자료에는 이미지 언어처럼 핵심만 담도록 한다. 불필요한 첨가물은 모두 삭제하고 꼭 필요한 메시지만 남겨 놓도록 하며, 사진을 제시해야 할 때에는 텍스트 없이 사진만 보여 주도록 한다. 이것은 모두가 발표자의 영향력을 높이고 청중의 긴장감을 제고하기 위한 전략이다(정은, 2008).

■ 프레젠테이션에는 '청중의 미란다(Miranda) 권리'라는 것이 있다. 즉 청중은 가치 없는 프레젠테이션을 진행할 경우 잠을 잘 수도 있으며, 강사를 새로 선임할 권리가 있다는 것이다.

9 선물 에티켓과 매너

9.1 선물의 의의

선물은 나의 마음을 상대방에게 전달하는 표식과도 같다. 동·서양을 막론하고 각종 기념일을 비롯하여 결혼, 약혼, 축제일 등에는 선물을 주고받는데, 선물만큼 하기 까다로운 것도 없

다. 특히 비즈니스에서 어떤 선물을 할 것인지, 상대방이 선물을 받고 좋아할 것인지, 불쾌할 것인지 등 선물을 한다는 것은 여간 고민스러운 일이 아니다. 흔히 선물은 정성과 마음이라고 한다. 선물은 서로 부담 없이 주고받는 것이 가장 좋다. 특히 국제간 비즈니스 상에서 나라마다 문화의 차이 때문에 뜻하지 않은 실례를 범하는 일도 적지 않게 발생하는데 외국인에게 선물할 때 최우선적으로 고려해야 할 원칙은 상대방 문화에 맞는 선물을 고르는 것이다.

9.2 선물의 선택기준

선물을 선택할 때는 받는 이의 취향을 고려하고, 가능한 개인의 기호가 강한 품목 즉 향수, 속옷 등은 삼가는 것이 좋다. 유명상품권은 무난하지만 정성이 문제가 된다. 또한 받는 이가 부담스러운 고가 품목은 삼가는 것이 좋다. 받는 사람도 그에 상응하는 것을 답례하고자 고민할 것이다. 특히 외국인에게는 한국의 전통 민속공예품이나 특산물이 좋다.

9.3 선물 에티켓과 매너의 실제

- 비즈니스에서 고가의 선물은 뇌물이 될 수 있으므로 조심해야 한다.
- 선물의 가격표를 뗀다.
- 축하 또는 감사의 글을 함께 곁들이는 것이 좋다.
- 선물은 포장이 반을 차지한다.
- 여성에게 빨간 장미를 선물하면 프로포즈로 간주된다.
- 선물을 받으면 후일 답례할 줄을 알아야 한다.
- 선물을 받았다고 해서 곧장 답례하는 것은 실례이다.
- 현장에서 직접 선물을 받았을 때는 바로 포장을 뜯고, 선물을 확인한 다음 감사의 말을 전한다.
- 선물을 배달받았다면 전화 등을 통하여 감사의 말을 전한다.

- 선물을 받아놓고 구석에 처 박아 놓는 것은 예의가 아니다.
- 선물은 꼭 축하할 일이 있을 때만 하는 것이 아니다. 상대방이 기분이 처져 있을 때 또는 사소한 일이 있을 때도 선물을 하면 기억에 남는 사람이 될 것이다.

9.4 세계 각국의 선물 풍습

(1) 일본

일본은 선물을 주고받는 것을 즐기는데, 짝으로 된 것이 행운을 가져다준다고 믿으므로 선물을 할 때는 짝으로 세트된 것을 하는 것이 좋다. 일본은 우리나라와 마찬가지로 직접 받은 선물을 현장에서 뜯는 습관이 보편화되어 있지 않다. 특히 백합과 같은 흰 꽃, 흰색 포장지, 숫자 4와 관련된 선물은 죽을 의미하므로 하지 않는 것이 좋다. 또한 결혼하는 사람에게는 유리잔과 같이 깨지거나 부서지는 물건을 피하는 것이 좋다.

(2) 중국

예로부터 중국에서 선물은 문화적으로 중요한 의미가 있는데 선물하는 것으로 상대방에 대한 존경심을 표현하기도 한다. 또한 차(茶) 문화가 발달해서 차 선물을 좋아하며, 술을 좋아하므로 각 나라의 전통주를 선물하는 것도 좋은 방법이다. 빨간색이 복의 의미를 가지고 있기 때문에 선물 포장은 빨간색으로 하는 것이 좋다. 중국에서는 선물을 뇌물로 간주하는 경향이 많으므로 특별한 경우가 아니면 하지 않는 것이 좋다. 특히 황색, 백색의 국화는 죽음을 의미하며, 피해야 할 선물로는 괘종시계와 손수건인데 괘종시계처럼 종이 달린 시계는 '끝내다' 라는 죽음의 의미가 있고, 손수건은 슬플 때 눈물을 닦는 것으로 생각하여 이별의 의미가 있기 때문이다. 그리고 짝수는 길하고 홀수는 흉하다고 생각하기 때문에 축의금은 짝수, 부의금은 홀수로 금액을 내는 것이 예의이다.

또한, 중국인들은 선뜻 받지 않고 세 번 정도 사양하는 습관이 있으므로 거절하더라도 계속 권하는 것이 좋다.

(3) 미국

미국은 지인 사이가 아니면 선물을 주고받는 것이 일상화되어 있자 않다. 비즈니스 차원이라도 작고 부담 없는 것을 해야 한다. 백합꽃은 죽음을 의미하므로 금물이다.

(4) 유럽

가정을 방문할 때 꽃을 선물로 가져갈 때는 선정에 주의해야 한다. 국화는 죽음과 관련이 있고, 장미꽃은 로맨스나 프로포즈를 뜻하므로 적합하지 않다. 또한 꽃송이는 홀수로 해야 하며, 13송이는 피해야 한다. 특히 프랑스 사람들은 향수에 대해 너무 잘 알고, 직접 만들어 사용할 정도로 수준이 높기 때문에 향수 선물은 그리 환영받지 못하고, 와인 역시 너무 흔한 선물이므로 하지 않는 것이 좋다.

(5) 남미

남미지역 사람들은 선물을 주고받는 것을 매우 좋아하며, 선물이 없으면 사업도 잘 할 수가 없다고 한다. 또한 상대방의 집을 방문할 때는 빈손으로 가서는 안 된다. 그리고 자주, 보라색의 꽃은 죽음을 의미하므로 삼가야 한다.

(6) 아랍

이 지역 사람들은 큰 선물을 좋아하며, 술은 금물이다. 선물을 주고받을 때는 반드시 오른 손으로 해야 한다. 손수건은 눈물과 이별을 상징하므로 피하는 것이 좋다.

(7) 동남아

이 지역에서 알람시계와 벽시계는 소리가 장송곡과 비슷하다고 하여 선물을 해서는 안 되는 품목이다. 또한 지나치게 값비싼 선물은 뇌물이 될 수 있으므로 조심해야 한다.

10 음주 에티켓과 매너

10.1 음주 에티켓과 매너의 의의

비즈니스를 위하여 외국인들과 술자리를 하게 될 경우가 있을 것이다. 비즈니스 상에서 적절한 술은 유익한 점이 있으나 과음을 하게 되면 오히려 독이 될 수 있으며, 특히 이질적인 음주문화에서 오는 술자리 때문에 비즈니스가 실패하는 경우도 있다. 따라서 술자리는 비즈니스의 연장이라는 측면에서 각국의 건배문화를 비롯하여 음주 에티켓과 매너를 익힘으로서 비즈니스를 성공적으로 이끌어야 할 것이다.

10.2 건배의 유래

건배(乾杯)란 술잔을 여럿이 같이 들고 서로의 건강이나 발전 및 행복 등을 빌면서 잔의 술을 다 마시면서 함께 외치는 말이다. 동서양 어디서나 건배의 문화는 있는데, 서양의 유래는 다음과 같다.

옛날 서양에서는 술에 독약을 타서 사람을 죽이는 일이 빈번하게 발생하였다. 그래서 여러 사람이 모이는 연회석상에서는 주인이 손님들에게 경계심을 없애고 안심시키기 위해서 자신의 술잔에 있는 술을 손님의 술잔에 따라 주고 손님의 술도 주인의 술잔에 조금씩 따라 서로 섞어 마시는 관행이 있었는데, 이것이 오늘날 잔만 부딪치게 하는 건배의 시초가 된 것이다.

10.3 건배요령

한국과 일본에서는 건배를 식사 전에 하는 것이 관례로 되어 있으나 서양에서는 식사 후 디저트 무렵에 한다. 공식만찬에서 건배를 위한 술은 주로 샴페인이 사용되는데 비록 술을 못하는 여성일지라도 소량이나마 잔을 채워 건배에 응해야 한다.

건배는 호스트(host)가 일어나 그 자리에서 가장 높은 사람이나 연장자에게 건배를 제의하면 제의를 받은 사람은 짧은 건배사와 함께 건배를 외친다. 건배를 제의하는 사람을 토스트 마스터(toast master)라고 한다. 건배는 자리에 참석한 모두를 위한 것과 특정인을 위한 것이 있는데, 모두를 위한 건배에는 일반적으로 'cheers'와 'to your health'라고 외치고, 특정인을 위하여 건배를 하게 되면 해당자 본인은 자리에 앉은 채 잔을 들어 건배를 받고, 그 후 자리에 일어나 답례를 한다. 그러나 약식의 자리에서는 이러한 형식을 갖출 필요가 없다.

건배를 할 때 잔의 높이는 눈높이 정도가 알맞고, 잔을 부딪힐 때는 좌우의 가까운 사람과 가볍게 갖다대고 먼 사람에게는 눈으로 의사를 표시한다. 각국의 건배 용어는 다음과 같다.

일본 : 간빠이(乾杯)!
중국 : 간뻬이(乾杯)!
미국 : cheers!, bottoms up!

10.4 동서양의 음주문화

(1) 한국

우리나라의 음주문화는 수작문화(酬酌文化)인데, 즉 술잔을 주고받으며 마시는 문화이다. 잔을 어른께 드리는 것은 존경의 표현이며, 자기 잔을 동료나 처음 만나는 사람에게 건네는 것은 인정과 친근감의 표시이다. 수작문화는 우리나라가 세계에서 유일하다고 할 수 있다. 그러나 수작문화는 서양의 입장에서는 전혀 이해가 되지 않으므로 외국인과의 술자리에서 잔을 돌린다든지 무리하게 술을 권하는 행위는 삼가야 한다. 또한 위 사람이 마시라고 권하면 무조건 마셔야 하는 한국적 음주문화도 외국인의 눈에는 부정적으로 비친다.

(2) 일본

일본은 우리나라와 같이 수작문화였으나 점점 퇴색이 되어 자작문화(自酌文化)로 정착하였다. 술을 받을 때는 항상 머리를 숙여서 받는다. 상대방에게 술을 따를 때는 잔을 다 비울 때까지 기다리지 말고, 술이 남아 있는 상태에서 첨잔을 해야 한다. 만약 상대방이 술잔을 다 비우면 술을 그만 마시겠다는 의사표시이다.

(3) 중국

중국은 일본과 마찬가지로 첨잔문화인데, 더 이상 마실 생각이 없으면 술을 잔에 가득 채운 상태에서 대화만 한다. 간뻬이는 영어의 bottoms up 의미이므로 잔을 다 비워야 하며, 빈 잔을 상대방에게 보여주는 것이 예의이다. 그리고 손님을 초청한 경우 술을 많이 마시도록 권하는 경향이 있지만 손님의 잔이 1/3 이하로 줄었는데도 주인이 권하지 않으면 그만 마시자는 의미이다.

(4) 서양

서양의 음주문화는 대작문화(對酌文化)인데, 즉 서로 잔을 맞대고 마시는 문화이다. 술을 따를 때는 자작하거나 웨이터 등으로부터 서비스를 받으며, 술잔을 받을 때는 전에 손을 대지 않는다. 또한 술을 마시더라도 서로 잔을 권하거나 2차를 가는 일이 거의 없고, 술값은 특정인이 사겠다고 선언하지 않는 한 각자가 계산한다.

〈표 4-5〉 한국 · 일본 · 서양의 음주문화 비교

구분	한국	일본	서양
음주문화	수작문화	자작문화	대작문화
잔의 양	8부~가득	8부~가득	술의 종류에 따라 다양함
첨잔	하지 않음	가능	가능(특히 와인)
술을 받을 때	잔을 오른손으로 받쳐 듦	잔을 오른손으로 받쳐 듦	잔을 잡지 않음

11 영문서신과 인터넷 서신 에티켓과 매너

11.1 영문서신 작성

(1) 발신일자

발신일자는 편지지 왼쪽상단에 기입한다. 날짜를 적을 때는 약어로 쓰지 말고 전부 적는다. 예를 들어 'October'를 Oct.로 표기하지 않는다. 월(月), 일(日), 연도의 순서는 미국식과 영국식의 표기방법이 있는데 다음과 같다.

> 예 : 2016년 4월 19일의 경우
> 미국식 : April 19, 2016
> 영국식 : 19 April, 2016 또는 19th April, 2016

(2) 수신인의 성명과 주소

발신일자 3줄 정도 아래 왼쪽에서부터 적어나가되 중앙선을 넘지 않아야 하고 성명을 포함하여 6줄 이내로 해야 한다.

첫째 줄에는 수신인의 존칭과 성명을 적고, 둘째 줄에는 직함, 셋째 줄에는 직장명, 넷째 줄에는 직장주소를 적는다.

(3) 머리말

본문 머리말의 시작은 수신인의 주소로부터 2줄 아래에서 쓰며, 수신자의 경칭으로부터 시작하는데 경칭사용의 용도는 다음과 같다.

- **Sir. 또는 Dear Sir.(Madam)** 의례적인 표현으로 모르는 사람 또는 경의를 표하고자 하는 사람에게 사용한다.
- **Dear Mr.(Mrs.) + Last Name** 공식적이고 예의를 갖출 때 쓰는 것으로 영국식 표현이다. 미국에서는 오히려 사적인 표현이다.
- **My dear Mr. + Last Name** 공식적이고 예의를 갖출 때 쓰는 것으로 미국식 표현이며, 부인(Mrs.)에게는 My를 붙이지 않는다.
- **Dear + First Name, My dear + First Name** 친한 친구 사이에만 사용하는 것으로 Mr.는 생략한다.
- **Excellency 또는 Your Excellency** 지위가 매우 높은 사람에게 사용한다.
- **Dear + 회사명 + Friends** 자기 회사의 고객들에게 쓰는 표현이다.
  예 : Dear Hyatt Friends(하얏트 고객 여러분)

(4) 본문

머리말 2줄 아래부터 쓰는데 문단이 바뀔 때는 1칸을 띄우고 시작한다.

(5) 맺음말

끝인사말은 본문으로부터 2줄 아래에 쓰는데 일정한 어구가 있으며, 격식에 따라 다음과 같이 다양한 표현이 있다.

격식을 갖춘 표현 ⬆	Respectfully yours
	Yours truly, Very truly yours
	Yours sincerely
	Yours cordially
⬇ 격의 없는 표현	Best wishes, Best regards, Regards

(6) 서명

맺음말로부터 서명할 공간을 주기 위하여 4줄 이상 아래에 발신인의 이름과 직책, 직장명을 기입하는데 발신일자 선과 수직으로 맞춘다.

서명은 자필로 쓰는 것으로 편지 내용에 대하여 모든 책임을 지겠다는 의미가 내포되어 있다. 서명을 할 때는 법률상의 문서나 공식적인 문서일 경우이름을 전부 적어야 하나 사적인 편지에는 이름은 약자로 표기하고 성(last name)만 적어도 된다. 만약 대리인이 서명할 경우는 'For' 를 붙인다.

예를 들어 Sales & Marketing 부서에서 부장(Managing Director)을 대신하여 홍길동 과장(Manager)이 서명을 할 경우는 다음과 같다.

예 : For the Managing Director
Hong, Gil Dong
Manager

(7) 이름표기 시 주의할 점

우리나라 사람의 이름을 영문으로 표기할 때는 여러 개의 철자가 존재하는데(예를 들면 '정' 자의 경우 Jung, Jeong, Chung, Cheong 등) 반드시 하나의 철자로 통일해서 지속적으로 사용하는 것이 좋으며 그 기준은 여권상의 철자로 하는 것이 좋다. 평상시 자신의 영문 이름표기를 무심코 쓰다가 해외출국 시 여권상의 영문 이름 표기가 달라서 낭패를 보는 경우가 있다.

(8) 기타

편지를 수신인 이외 다른 사람에게도 알릴 경우는 편지지 상단 왼쪽 여백에 'cc :' 표기를 하고 해당자의 이름을 적는다. cc란 carbon copy의 약어이다.

추신을 할 경우는 편지지 하단 여백에 'P.S.' 라고 표기하고 손으로 쓰는 것이 관례이다. P.S.란 Postscript의 약식 표기이다. 그 외 편지지나 봉투에 자주 등장하는 용어를 정리하면 다음과 같다.

〈표 4-6〉 편지지나 봉투에 자주 등장하는 영문

영문	의미
Please forward	전송해 주십시오.
Personal/Private	수신인 이외에는 뜯어보지 마십시오.(단, 집으로 보낼 때는 쓰면 안 된다. 왜냐하면 집안 식구들 이 남의 편지를 뜯어볼 만큼 예의가 없는 사람이라는 느낌을 줄 수 있기 때문이다.)
Kindly forward by Mr. *** Favored by Mr. ***	Mr. ***편으로 보냅니다.
Immediate	즉시 처리해 주십시오.
Urgent	긴급입니다.
P.T.O(Please turn over)	뒷면을 보아주십시오.
Please Hold	수신인이 올 때까지 맡아주십시오.

(9) 편지봉투 작성

수신인과 관련된 사항은 오른쪽 하단에 적는데 성명, 직책, 직장명, 주소 순으로 적는다. 발신인에 관한 사항은 왼쪽 상단에 적다. 이때 성명과 주소는 편지지에 기입한 내용과 동일해야 한다.

(10) 영문편지 작성 시 유의사항

- 영문편지를 작성할 때는 우선 보기에 깔끔하게 작성해야 하고 하나의 편지에는 하나의 안건을 담는 것이 원칙이다.
- 편지내용의 분량은 가능한 1장을 넘기지 않는 것이 좋으며 불가피한 경우에 2장을 넘지 않아야 한다. 추가 자료는 첨부로 처리한다.
- 앞장만 사용하고 뒷면에는 쓰지 않는다.
- 본문이 한 장에 끝났다고 다음 장에 맺는말만 쓰지 않는다. 이럴 경우 본문의 2행 정도를 다음 장에 넘겨서 맺는말을 써야 한다.
- 본문은 최초 2~3행에서 용건을 분명히 밝히고 하나의 문장은 20단어가 넘지 않도록 가능한 단문 형태가 좋다.
- 편지지를 봉투에 넣을 때는 내용이 안쪽으로 접히도록 하고, 두 번 또는 세 번 접는다.

■영문편지의 예

March 11, 2017

Mr. Hasebe Kazuya
Direct Manager
Japan Airlines
69, 6-Ka, Joongang-dong Joong-Ku
Busan, Korea

Dear Mr. Hasebe Kazuya

First of all, thank you very much for your support of the Hyatt Regency Busan.

With regards to your crews accommodations, we are delighted to quote the following special offer :

Room : ₩150,000 per room(single or twin)
Meal : ₩20,000 for a breakfast buffet at the cafeteria
The above rates are subject to 10% service charge and 10% tax.

Again, we really appreciate your continued support, and look forward to welcoming your crews to the Hyatt Regency Busan.

Yours Sincerely

Anthony J. May

Anthony J. May
General Manager
Hyatt Regency Busan

11.2 인터넷 서신 작성

오늘날 인터넷은 신속하고 역동적으로 정보교환이 가능한 주요 커뮤니케이션 수단으로 등장하였다. 인터넷 서신은 E-Mail로 주고받는데, 규칙이나 에티켓은 다음과 같다.

- E-Mail에서 사용되는 언어는 단순 명료하고 형식에 구애받지 않는 언어이어야 한다.
- 긴 인사말은 거추장스럽고 안부를 묻는 말도 일반 편지보다는 짧아야 한다.
- 너무 빽빽한 글씨, 요란한 글씨체 등은 피해야 한다. 글씨체의 변화는 세 가지 이내로 한다.
- 수신자의 시력을 고려하여 글씨의 크기를 적절하게 한다. 글씨크기의 변화는 세 가지 이내로 한다.
- 주요 부분은 글씨체를 진하게 하고 숫자는 한눈에 들어오도록 한다.
- 축약어는 가능한 사용하지 말고 맞춤법을 잘 지켜야 한다.
- 단락에 따라 한 줄씩 공간을 주어 읽기 쉽게 한다.
- 내용은 짧고 쉽게 쓴다. 즉 용량을 최소화한다.
- 불만 사항은 당사자에게만 보낸다.
- 수신(to)과 참조(cc)의 용도를 구별해야 한다.
- 회신(reply)할 것인지 새 메일로 보낼 것인지 신중히 판단한다.
- E-Mail 주소를 한번 더 확인하여 발송한다.

제5장

교통수단 에티켓과 매너

제5장

교통수단 에티켓과 매너

1 운전자 에티켓과 매너

1.1 운전자 에티켓과 매너의 의의

오늘날 교통은 현대 도시 생활에서 '의 · 식 · 주' 다음의 제4요소로 간주할 만큼 시민의 발이라고 일컫고 있다. 2014년 10월 기준으로 우리나라는 자동차 2천만 대를 돌파하여 자동차 보급률 세계 15위 수준이며, 인구 2.56명당 자동차 1대를 보유하고 있다. 그러나 교통문화지수는 이에 못 따라가고 있는 실정이다. 교통은 시민의 '삶의 질'을 결정하는 가장 중요한 척도이고, 교통문화지수는 선진국으로서 척도로 활용되기도 한다. 결국 운전습관의 개선과 운전자의 에티켓과 매너를 통하여 교통문화지수를 올려야 할 것이다.

특히 우리나라의 교통사고율과 운전문화수준은 세계적으로 낙제 점수에 가깝다. 대부분의 이유는 법규위반과 여유운전을 하지 못해서다. 국제 운전 면허증을 가지고 외국에서 운전을 하게 되는 경우가 있을 것이고, 국내에서도 외국인과 함께 차를 타고 운전을 하게 되는 경우가 있을 것이다. 운전자의 에티켓과 매너를 통하여 우리의 운전문화수준을 한 차원 높여야 할 것이다. 운전 매너는 타인의 생명뿐만 아니라 자신의 생명도 지켜주는 것이다.

1.2 운전자 에티켓과 매너의 실제

(1) 운전자의 기본 에티켓과 매너

- 운전을 할 때는 반드시 면허증을 소지해야 한다.
- 운전대에 앉으면 반드시 안전벨트를 착용해야 한다.
- 차창 밖으로 휴지, 담배꽁초를 버리지 말고 침 등을 뱉지 않는다.
- 운전 중 DMB(Digital Multimedia Broadcasting) 시청 및 핸드폰 사용은 금물이다.
- 앞차와의 거리 및 신호는 반드시 지켜야 한다.
- 비상 차량이 나타나면 속도를 줄이고 한 쪽으로 비켜주어야 한다.
- 경적은 비상시에만 사용한다. 외국에서의 경적신호는 아는 사람이 지날 갈 때 부르는 신호이다.
- 헤드라이트를 번쩍이는 등 앞차를 위협해서는 안 된다.
- 신호가 바뀌어 앞차가 빨리 출발하지 않더라도 경적을 울려서는 안 된다.
- 고속도로에서 긴급 상황이 아닌 이상 갓길이나 버스전용차선을 달려서는 안 된다.
- 사고가 발생했을 때는 책임전가나 말다툼을 하지 말고 사고 위치를 표시한 다음 재빨리 차를 한쪽으로 붙여 보험회사와 경찰에 신고하여 조치한다.
- 무신호등 횡단보도일지라도 건너려는 사람이 보이면 보행자 우선에 따라 멈추는 것이 매너이다. 특히 어린이는 럭비공처럼 어디로 튈지 모르므로 반드시 멈춰서고 지나가라는 신호를 보낸다.

- 야간주행 중 신호대기 등으로 멈추고 있을 때 우리 나라에서는 대부분 앞차 운전자의 시야를 고려하여 라이트를 끄지만 외국의 경우는 켜 놓는 것이 매너이다. 즉 상향 라이트는 문제지만 하향 라이트는 켜놓아도 문제가 없다.

(2) 주차 에티켓과 매너

급속히 증가하는 자동차 보급률에 비하여 주간공간은 부족하여 심각한 수준이다. 사소한 주차문제로 인하여 이웃이나 아파트 주민 간에 싸움이 발생하고 차량파손까지 이어지고 있는 실정이다. 따라서 자신의 편안함보다 남을 배려하는 차원에서 다음과 같은 매너를 통하여 선진 주차문화를 정착하도록 해야 할 것이다. 주차 에티켓과 매너의 실제를 살펴보면 다음과 같다.

- 다른 차량과 보행자의 통행에 방해를 주지 않는다.
- 주차할 때는 차고 앞, 횡단보도, 인도에 해서는 안 되고, 주차선을 반드시 지켜야 한다.
- 장애인이 아니면서 장애자용 주차 공간에 주차를 해서는 안 된다.
- 부득이하게 다른 차 앞이나 옆에 주차하여 방해가 되었을 때는 앞 유리에 연락처 메모를 남긴다.
- 아파트 내 등에서 부득이 2중으로 주차를 하였을 경우 사이드 브레이크를 풀어 놓아야 한다.

사례 **주차문제로 다투다 구속까지**

인천의 한 아파트 주차장. 승용차 한대가 들어오더니 주차할 곳을 찾지 못하고 결국 주차돼 있는 트럭 뒤에 차를 세웠다. 곧이어 아파트에서 트럭 주인이 달려 나오더니 옥신각신 말다툼을 벌이다 결국 몸싸움으로 이어졌다. 승용차 운전자가 쓰러지고, 잠시 뒤 구급차까지 출동해 다친 운전자를 급히 싣고 갔다. 병원으로 옮겨진 51살 이 모씨는 머리를 크게 다쳐 수술을 받았지만 일주일째 의식불명 상태가 되었다. 이씨 부인은 "전화하면 차를 빼줄거고... 지금까지도 그렇게 했거든요, 이렇게까지 될 줄은 몰랐다"고 하였다. 주차문제로 이씨와 다퉜던 이웃주민 35살 최 모씨에게는 결국 구속 영장이 신청되었다.

1.3 난폭운전과 보복운전 금지

(1) 난폭운전

난폭운전의 주요 내용은 다음과 같다.

- 도로교통법상 각 조항에 규정된 주의의무를 위반하여(신뢰의 원칙) 스스로 위험하게 운전하거나
- 특별한 이유 없이 급진입, 급차로 변경하는 행위
- 지그재그로 운전하는 행위
- 불필요하게 좌 · 우로 핸들을 급조작하거나 급제동하는 행위
- 급가속하거나 지그재그로 차선을 자주 변경하여 불특정인 사람들에게 불쾌감과 위험을 주는 정도의 운전행위

(2) 보복운전

보복운전이란 차선 변경을 하려는데 양보를 안 해주었거나 자신에게 자동차 경적을 울렸다던가, 매너 없이 끼어들기 등으로 기분을 상하게 했다는 이유로 상대방에게 악의를 가지고 일부러 진로를 방해하거나 급제동을 하는 것과 같이 상대를 위협하는 운전형태를 말한다. 보복운전은 자칫 잘 못하면 대형사고로 이어져 생명을 앗아가는 위험성을 내포하고 있어 도로위의 폭력행위로 간주되고 있다.

보복운전의 유형은 첫째, 상대방 자동차를 앞서 가다가 고의로 멈춰 서거나 속도를 갑자기 줄여 상대방 운전자에게 위협을 주는 급정지와 급제동. 둘째, 차선을 넘어 지그재그로 운전하거나 가다 서다를 반복해 상대방의 진로를 방해하는 진로 방해. 셋째, 진로를 변경하면서 상대방 차량을 중앙선이나 갓길 쪽으로 밀어 붙이는 행위. 넷째, 추월차선에서 규정 속도 이하로 계속 운전하는 행위 등을 들 수 있다.

보복운전에 대한 처벌 규정은 형법상 협박죄, 교통방해치사상죄, 미필적 고의에 의한 살인죄, 폭력행위처벌법에 의한 흉기 등 협박상해죄, 특정범죄가중처벌법상 운전자 폭행죄, 위험운전 치사상죄 등이 있다. 최근 보복운전 사건에 대한 사법기관의 처벌 수위가 높아지고 있는데 급제동, 급정거 등 보복운전을 한 경우에 벌금형이 아닌 징역형이 잇따라 선고되는가 하면 보복운전과 관련해 상대를 살해할 의도가 인정될 경우 살인미수죄까지도 적용될 수 있다는 판결이 나왔다.

우리나라 운전자 중 40.6%는 보복운전을 당한 경험이 있는 것으로 조사됐다, 보복운전 가해 경험이 있는 운전자 10명 중에 8명은 상대운전자가 미안하다는 표시를 했다면 위협운전을 하지 않았을 것이라고 답했다. 미안하다는 표시는 비상등을 깜박여 준다든지 수신호로 표시하면 된다. 굉장히 사소한 행위이지만 이 작은 손짓과 인사 하나만으로 결과가 완전히 달라질 수 있다.

(3) 난폭운전과 보복운전의 차이

난폭운전이 불특정인에게 위험과 장해를 주는 운전행위로 도로교통법상 통고처분(범칙금 4만 원, 벌점 10점) 대상에 해당한다면 보복운전은 감정적, 의도적, 고의적으로 특정인을 위협하는 범법행위로 '폭력행위등 처벌에 관한 법률' 등의 위반에 해당하는 행위이다.

2 대중교통수단 이용 에티켓과 매너

2.1 대중교통수단 기본 에티켓과 매너

대중교통수단은 지하철과 버스 등을 들 수 있는데, 나 개인 혼자가 이용하는 것이 아니라 여러 사람이 같이 이용한다는 점에서 에티켓과 매너가 요구된다. 대중교통수단을 이용시 유의해야 할 에티켓과 매너의 실제는 다음과 같다.

- 대중교통수단을 이용할 때 줄을 서서 기다리며, 새치기를 하지 않는 것은 기본이다.
- 지정석이 없는 대중교통수단을 이용할 때 노약자나 여성에게 자리를 양보한다는 것은 동서양을 막론하고 에티켓이다.
- 복잡한 버스, 전철 등에서 남의 발등을 밟거나 밀쳤을 때에는 반드시 사과를 한다.
- 차내에서 크게 떠드는 등 다른 승객에게 폐가 되는 행위를 하지 않는다.
- 대중교통수단에서 담배를 피우는 것은 금물이다.
- 비 오는 날에는 우산이나 비옷이 남의 옷에 닿지 않도록 한다.
- 남녀가 함께 대중교통수단을 이용한다면 남성은 여성이 먼저 타는 것을 돕고 난 뒤에 승차한다. 승차 후에 자리가 나면 여성이 먼저 앉게 한다.

- 혹시 다른 승객이 자리를 양보했다면, 남성이 대신 감사 인사를 건넨다.
- 내릴 때에는 남성이 먼저 내려서 뒤에 내리는 여성을 돕는다.
- 휴대폰을 진동모드로 바꾸고, 발신전화를 하지 않는다. 수신전화가 오더라도 작은 소리로 짧게 통화하고, 자세한 것은 내려서 이야기 한다.
- 이어폰 없이 DMB를 시청하지 않는다.
- 음식물을 섭취하지 않는다.
- 애완동물은 전용운반구에 넣어 승차한다.

2.2 지하철 이용 에티켓과 매너

- 지하철 문이 열리면 양쪽으로 붙어 서서 내리는 사람을 배려한 후 승차한다.
- 문이 닫히는 순간 뛰어와 열려고 해서는 안 된다.
- 노약자나 임산부 좌석에 해당되지 않는 사람이 앉지 않는다.
- 지하철에서 다리를 꼬아 앉거나 다리를 쩍 벌려 앉지 않는다.
- 의자에 드러눕지 않는다.
- 지하철에서 신문을 볼 때엔 작게 접어서 옆 사람에게 방해하지 않도록 한다.
- 지하철을 탈 때엔 여성을 먼저 태우고 내릴 때는 남성이 먼저 내려 뒤 따르는 여성을 에스코트 해 준다.

사례 **지하철 임산부석**

서울 지하철은 지하철 차량 1대당 2석씩 임산부 배려석을 도입했다. 분홍색으로 벽, 시트, 바닥을 눈에 띄게 표시하고 임산부를 위해 좌석을 비워 두도록 하고 있다. 하지만 출퇴근 시간은 물론 한산한 낮 시간대에도 건장한 남성이 배려석에 앉아 있는 모습이 눈에 띄곤 해 비난의 대상이 되고 있다.

사례 일본 도쿄 지하철 매너 포스터

3 교통수단 의전과 에티켓 및 매너

3.1 승용차

- 남녀가 함께 승용차에 오를 때에는 여성이 먼저 탄다. 내릴 때에는 남성이 먼저 내려서 여성이 원할 경우 문을 열어주는 등 하차를 돕는다.

• 여성은 차를 탈 때 밖에서 차 시트에 먼저 앉은 후, 다리를 모아서 차안으로 들여 놓는 것이 보기 좋다. 내릴 때에도 두 다리를 모아서 차 밖으로 내놓은 후에 나온다.

• 택시와 같이 운전사가 있는 차에서는 운전사와 대각선의 뒷좌석이 가장 상석이며, 그 옆이 2등, 운전석 옆자리가 그 다음이며, 4명이 탈 경우에는 뒷좌석 가운데가 말석이다.

• 상석의 위치에 상관없이 여성이 스커트를 입고 있을 경우엔 뒷좌석 가운데 앉지 않도록 배려해 주는 것이 매너이다.

• 자가용의 차주가 직접 운전 할 때에는 운전자의 오른 좌석에 나란히 앉아 주는 것이 매너이다.

• 운전자의 부인이 탈 경우는 운전석 옆자리가 부인석이다.

• 지프류의 차일 경우(문이 두개)에는 운전석의 옆자리가 상석이다.

• 버스의 경우 운전기사의 바로 뒤 창가 쪽이 상석이다.

• 승용차에서는 상급자가 먼저 타고 하급자가 나중에 타며, 하급자는 상급자의 승차를 도와준 후 반대편 문을 이용하여 탄다.

• 승용차에서 내릴 때는 하급자가 먼저 내린 후 윗사람의 하차를 도와 줄 수 있도록 한다.

〈그림 5-1〉 승용차의 상석

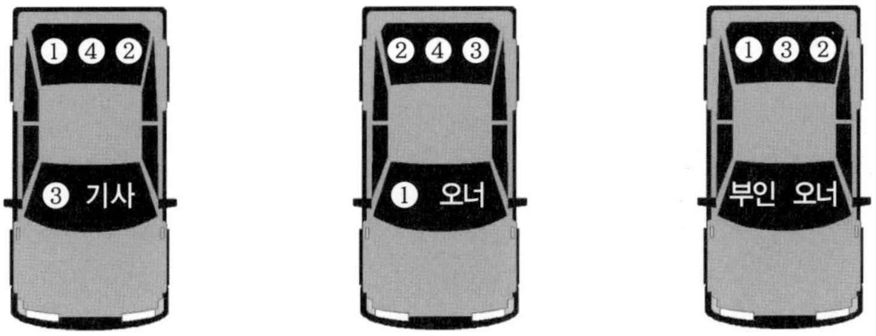

기사가 운전할 때 오너가 운전할 때 오너부인이 동행할 때

〈그림 5-2〉 지프차의 상석

3.2 기차

- 기차에서는 출입구나 통로에 기대서거나 통로에 짐을 놓지 않는다.
- 창문을 열고 싶을 때에는 다른 승객에게 폐가 되지 않을 정도만 연다.
- 침대차의 경우 아래쪽 침대가 상석이다.
- 두 사람이 나란히 앉게 돼 있는 좌석에서는 창가가 상석이다.

〈그림 5-3〉 기차의 상석

4 엘리베이터 · 회전문 · 계단에서의 에티켓과 매너

엘리베이터 · 회전문 · 계단에서의 의전 및 에티켓과 매너는 고객을 맞이하는 기업이나 일상생활에서도 적용되므로 이에 대한 이해가 요구된다.

4.1 엘리베이터

- 방문자(고객, 손윗사람) 및 여성이 먼저 타고 내린다.
- 엘리베이터의 상석은 조작 단추의 대각선 안쪽이다.
- 엘리베이터 내부에서의 상석은 엘리베이터로 들어갈 때 왼편 안쪽 자리다.
- 안내 대상자가 한명일 경우는 대상자가 먼저 타고 내린다.
- 안내 대상자가 2인 이상일 경우는 안내자가 먼저 타서 홀딩(holding)을 한 다음 안내 대상자가 타고, 내릴 때는 안내 대상자가 먼저 내린다.
- 엘리베이터가 목적 층에 도착하면 "몇 층 …입니다."라고 말을 건넨다.
- 엘리베이터 안에서는 문 쪽으로 얼굴을 향하고 있어야 한다.
- 엘리베이터 내에서 대화는 가능한 삼가야 한다.

〈그림 5-4〉 엘리베이터에서의 상석

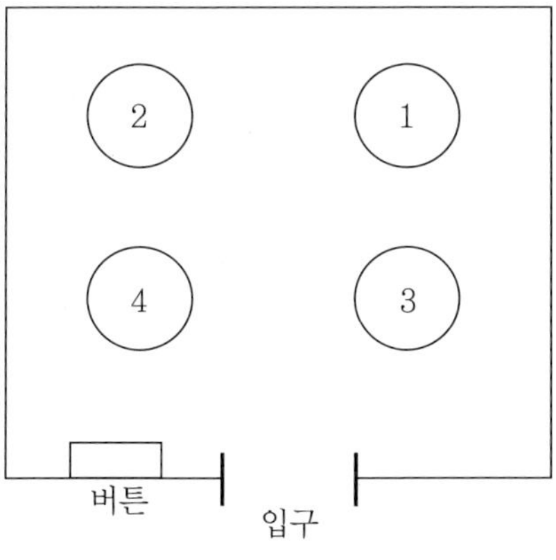

4.2 회전문 사용 시

수동식은 안내자가 먼저 들어가 밀면서 나오고, 자동식일 때는 안내 대상자가 먼저 나가도록 한다. 한 칸에는 한사람씩 들어가는 것이 원칙이다.

4.3 계단을 오르내릴 때

올라갈 때는 남성이 먼저 올라가고, 내려올 때는 여성이 먼저 내려온다. 안내자와 안내 대상이 동성일 경우는 안내자가 먼저 올라가고 내려온다. 급한 일로 앞사람을 앞지를 때는 '실례합니다' 하고 지나간다.

제6장

공공예절

1. 공공예절의 개념
2. 핸드폰 에티켓과 매너
3. 관람문화 에티켓과 매너
4. 스포츠경기 관람 에티켓과 매너
5. 네티켓(netiquette)
6. 기타 생활예절

제6장

공공예절

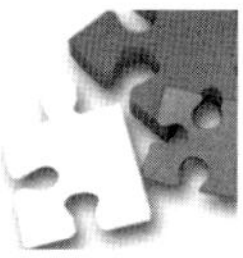

1 공공예절의 개념

1.1 공공예절의 의의

인간이 공동체의 일원으로서 사회생활을 해나가려면 그 사회가 요구하는 제도 및 제약을 지키며 살아가야 한다. 즉 공공생활에서는 질서행위 · 도덕규범 · 윤리 · 법률 등 여러 가지 사회적 준칙들이 요구되는데 이를 공중도덕이라고 한다. 공공예절은 문화시민으로서 반드시 지켜야 할 덕목으로서 일상적인 상황에서 보통사람들이 지켜야 할 예의바른 태도를 말한다. 법은 강제되는 행동규칙으로 이를 어길 경우에는 처벌을 받는다. 반면에 공공 예절은 사회적 규제로 관습에 의해 요구되고 집단의 압력에 의해 강제되는 행동규범이다. 따라서 공공예절은 상식적인 예절(common sense etiquette)로서, 서로를 배려하는 마음으로 시작한다면 규제가 아니라 즐거움일 수도 있다.

우선 다음 설문에 따라 자기점검을 하여 문화시민으로 갖추어야 할 지수가 어느 정도인지 체크해 보기로 한다.

설문 : 문화시민으로서의 지수

※ 아래의 문항을 읽고 □ 에 ✓표 하시오.

내용	그렇다.	보통	그렇지 않다.
1. 새치기를 하지 않는다.			
2. 남이 버린 쓰레기라도 눈에 보이면 줍는다.			
3. 식당에서 큰 소리로 떠들지 않는다.			
4. 음주와 흡연시 남에게 피해를 주지 않는다.			
5. 다른 사람에게 폐를 끼쳤을 때 미안하다고 말한다.			
6. 누군가에 호의를 받았을 때 고맙다고 말한다.			
7. 외국인에게 편견이 없는 편이다.			
8. 양보운전을 잘 하는 편이다.			
9. 주차 시 지정된 곳에 한다.			
10. 길을 걸으면서 노상에서 떠들지 않는다.			
11. 항공기 등의 예약 취소시 반드시 통보를 한다.			
12. 엘리베이터 안에서는 가급적 말을 하지 않는다.			
13. 에스컬레이터를 탈 때 한쪽으로 비켜 서 있는다.			
14. 버스나 지하철에서 전화를 걸지 않는다.			
15. 버스나 지하철을 탈 때 여성이 먼저 타도록 한다.			
16. 버스나 지하철을 탈 때 핸드폰을 진동모드로 바꾼다.			
17. 부득이 주차방해를 하였을 경우 메모를 남긴다.			
18. 지하철에서 신문을 볼 때 펼쳐보지 않는다.			
19. 화장실을 사용 한 후 문을 약간 열어놓고 나온다.			
20. 신호가 깜박일 때 횡단보도를 건너지 않는다.			
21. 식당의 종업원에게 반말을 하지 않는다.			
22. 레스토랑에서 여성이 먼저 착석하도록 배려한다.			
23. 전시관의 작품에 손을 대지 않는다.			
24. 문화유적이나 자연에 낙서를 하지 않는다.			
25. 전시관이나 박물관에서 음식물 섭취하지 않는다.			

※ 총점 계산법

(____× 4점) + (____× 2점) + (____× 0점)
'그렇다' 의 개수 / '보통' 의 개수 / '그렇지 않다' 의 개수

※ 해석

· 85점 이상 : 문화시민으로서 우수한 자질을 갖추고 있음.
· 60~84점 : 문화시민으로서 자질을 갖추고 있지만 다소 개선이 요구됨.
· 59점 이하 : 문화시민으로서 자질이 부족하므로 상당한 노력이 요구됨.

1.2 공공예절의 기본 개념

공공예절의 가장 기본적인 개념은 남에게 피해를 주지 않는 것인데, 이를 실천하기 위해서는 ❶ 소리를 조용히 하고 ❷ 서둘지 않아야 되며 ❸ 양보와 "미안합니다"가 습관화 ❹ 자연과 환경보호에 대한 인식 제고를 해야 한다.

(1) 소리를 조용히 할 것

공공장소에서 지나치게 시끄럽게 떠드는 것 만큼 듣기 싫은 소리가 없다. 외국인들이 우리나라에 와서 처음으로 느낀 문화적 충격(cultural shock)에 대하여 가장 먼저 소음공해(noise pollution)를 지적한다. 공공장소는 물론 식당, 수퍼마켓, 도로에서 차 경적소리 등 전혀 타인을 의식하지 않는다는 것이다. 특히 소리를 조용히 해야 할 경우를 예를 들면 다음과 같다.

- 식당에서 소리가 옆 테이블을 넘어가서는 안 된다.
- 식당에서 수프나 커피를 마실 때는 가능한 소리를 내지 않아야 한다.
- 호텔복도를 지날 때는 떠들지 않는다.
- 엘리베이터 내에서는 가급적 말을 하지 않는다.
- 길을 걸으면서 노상에서 떠들지 않는다.
- 비행기에서 일행끼리 어울려 떠들지 않는다.

(2) 서둘지 말 것

외국 사람들은 우리나라 사람을 보고 성격이 매우 급하고, 일명 '빨리빨리' 문화에 젖어있다고 한다. 결코 좋은 의미가 아니라 나쁜 의미로 평가하고 있는 것이다. 어려웠던 시절 이렇게 하지 않으면 살기 힘들었기 때문인지도 모른다. 그러나 국제적으로는 이러한 문화는 매너가 아니므로 의식의 전환이 요구된다. 특히 서둘지 않을 경우를 예를 들면 다음과 같다.

- 비행기가 완전히 착륙하기 전에는 자리를 뜨지 않는다.
- 호텔 로비나 공항에서 뛰지 않는다.
- 식사주문을 독촉하거나 주문 후에도 가능한 음식을 독촉하지 않는다.
- 엘리베이터를 탈 때 뛰어가서 타지 않는다.
- 엘리베이터 버튼은 한번만 누른다. 급하다고 몇 번씩 눌러봐야 소용이 없다.
- 횡단보도의 신호가 깜박일 때 건너가지 않는다.
- 택시 등을 기다릴 때 새치기를 하지 않는다.
- 에스컬레이터를 탈 때는 그 자리에 가만히 서 있어야 한다. 단 공항에서 탑승구로 이동하는 전동보드에서는 서 있는 것이 아니라 걸어간다.
- 폭이 넓은 에스컬레이터에서는 긴급한 사람을 위하여 중앙선을 기준으로 오른쪽에만 서 있는다.

(3) 양보와 "미안합니다"의 습관화

외국사람이 우리나라에 와서 느낀 문화적 충격 중에 또 하나는 개인의 공간(personal space)가 없다는 것이다. 즉 거리에서 사람과 사람이 마주치면 서로 양보하지도 않고, 부딪히더라도 미안하다는 표현을 하지 않는다는 것이다. 서양에서는 어린 아이가 말을 배우기 시작하면서 가장 먼저 익히는 말이 "Thank you", "I' m sorry", "Excuse me"라고 한다. 우리도 남에게 양보의 배려를 받았으면 "감사합니다", 실수를 했으면 "미안합니다"가 습관화되어야 할 것이다.

예를 들어 엘리베이터를 타고 내릴 때 다른 사람과 마주치면 “먼저 가십시오(영 : after you)”하고 양보하는 미덕이 필요하며, 부득이 사람 사이로 빠져나올 경우는 “미안합니다”라는 말이 자연스럽게 나와야 할 것이다.

■ 3초의 여유

- 화가 나서 참을 수 없더라도 3초만 고개를 들어 하늘을 보자. 화를 낸 일이 보잘 것 없는 일인지도 모른다.
- 내차 앞에 끼어드는 차가 있다면 3초만 기다려 보자. 아픈 사람을 태우고 급히 병원으로 가는지도 모른다.
- 출발신호가 떨어졌는데 앞차가 가지 않더라도 3초만 가다려 보자. 그 사람이 인생의 기로에서 잠시 중대한 고민을 하였는지도 모른다.

(4) 자연과 환경보호에 대한 인식 제고

공원, 문화유적지, 자연 등에 쓰레기나 낙서를 남기지 말아야 한다. 한번 훼손된 자연과 환경 그리고 문화유적은 사실상 원상복구가 힘들다는 점에서 문화시민으로서 이에 대한 관념이 요구된다. 우리 주변에는 쓰레기를 함부로 버리는 사람, 차창으로 담배꽁초를 버리는 사람들을 많이 볼 수 있다. 또한 문화유적지나 관광지에 낙서를 남긴 사람을 볼 수 있다.

북미 국립공원을 포함한 많은 자연관광지역에는 “사진 이외는 아무것도 가져가지 말고, 발자국 이외에는 아무것도 남기지 말라(Take nothing but photographs, leave nothing but footprints)”라는 표지판이 붙어 있는데 환경보호와 관련하여 시사하는 바가 크다고 할 수 있다.

사례 **한국인의 급한 성격 Top 10**

1. 커피자판기에서

외국인 : 자판기의 커피가 나온 후 불이 꺼지면 컵을 꺼낸다.

한국인 : 컵 나오는 곳에 손을 넣고 기다리다 손을 데기도 한다.

2. 사탕 먹을 때

외국인 : 사탕 맛을 즐기며 빨아 먹는다.

한국인 : 처음에는 빨아 먹다가 곧 깨먹어 버린다.

3. 버스 정류장에서

외국인 : 해당 버스가 오면 천천히 다가간다.

한국인 : 버스와 추격전이 벌어진다.

4. 택시를 잡을 때

외국인 : 인도에서 손들고 택시를 잡는다.

한국인 : 도로에 내려가 택시를 따라 뛴다.

5. 야구장에서

외국인 : 야구는 9회말 2아웃부터 끝까지 응원한다.

한국인 : 경기가 끝나기 전에 "졌네, 가자"라고 한다.

6. 엘리베이터에서

외국인 : 엘리베이터 버튼을 한번만 누르고 느긋하게 기다린다.

한국인 : 빨리 오라고 몇 번씩 누르고 이곳저곳 엘리베이터 버튼을 모조리 누른다.

7. 식사할 때

외국인 : 천천히 대화를 하면서 느긋하게 먹는다.

한국인 : 말이 필요 없다. 빛의 속도로 먹는다.

8. 고깃집에서

외국인 : 느긋하게 고기를 굽는다.

한국인 : 쉴 새 없이 뒤적이다 삼겹살이 다 익기도 전에 먹는다.

9. 전자렌지 사용할 때

외국인 : 타이머가 다 돌아갈 때까지 기다린다.

한국인 : 돌아가는 접시를 계속 쳐다보고 있다.

10. 비행기에서

외국인 : 비행기가 착륙하여 정지될 때까지 자리를 뜨지 않는다.

한국인 : 비행기가 정지하기 전에 짐을 챙겨 출구로 나간다.

2 핸드폰 에티켓과 매너

오늘날 핸드폰은 없어서는 안 될 필수품이 되었지만 전화 예절에 대한 중요성을 의식하지 못하는 경향이 있으며, 편리한 핸드폰을 공공장소에서 무분별하게 사용할 경우 주변 사람에게 폭탄이 되어 테러가 된다는 점에서 핸드폰 사용에 대한 에티켓과 매너가 요구된다.

〈표 6-1〉 공공장소에서의 핸드폰 에티켓과 매너

구분	에티켓과 매너
회의실 및 도서관	핸드폰을 끄거나 진동모드. 긴급한 전화일 경우 밖으로 나가서 통화
대중교통 (지하철 및 버스)	진동모드. 걸려오는 전화는 낮은 목소리로 짧게 통화한다. 상대방에게 전화를 거는 것은 자제하고 필요할 경우 메시지 전송을 활용한다.
극장	전원을 끊다. 진동 모드를 하고 메시지를 보는 것도 주변 사람에게 불빛으로 인하여 방해가 됨
비행기	전원을 끊다. 전자파가 운항에 방해를 하여 사고의 위험이 높음
레스토랑	진동모드. 낮은 목소리로 짧게 통화하고, 긴 통화를 요할 경우 밖으로 나간다.

사례 **휴대폰 에티켓을 지키자-공공장소에선 예절도 휴대하세요**

"지하철은 시민의 발이자 문화공간입니다. 밤늦은 시간 피로에 지친 상태에서 지그시 눈을 감고 생각에 잠겨 있을 때 옆자리에서 울리는 벨소리와 큰 목소리의 통화 때문에 저 또한 난감한 적이 한두 번이 아닙니다." 지난 3일 서울도시철도공사 사령탑을 맡게 된 음성직 사장은 누구보다 지하철이 친숙하다.

서울시 교통정책보좌관 시절 늘 지하철을 타고 출·퇴근했다. 취임 후 한 달도채 지나지 않았지만 지하철 이용경험을 바탕으로 순환식 택배시스템 도입을 추진할 만큼 아이디어도 풍부하다. 음 사장은 "지하철은 피로에 지친 사람이 짧은 수면을 취하기도 하고 책을 읽거나 사색할 수 있는 곳"이라며, "지하철은 모두가 함께 사용하는 공유 공간이라는 의식을 갖고 소음 없는 지하철 문화로 가꿔 가야한다"고 말했다.

자료 : www.mk.or.kr

3 관람문화 에티켓과 매너

오늘날 현대인은 경제적 수준의 향상에 따라 많은 문화생활을 즐기고자 한다. 그러나 문화의 양과 질은 발전하였는데도 그것을 즐기려는 사람의 문화적 수준이 못 따라가는 경향을 많이 볼 수 있다. 관람문화 에티켓이 정착되지 않는 이유는 여러 가지가 있겠지만 ❶ 안내가 잘 안 되어서 ❷ 알고는 있었지만 주변에서 하니까 ❸ 그냥 내 마음이니까 ❹ 어떻게 관람해야 되는지 몰라서 등이다. 특히 부주의로 인하여 전시물이나 유물이 훼손을 당한다면 원형복구가 어렵다는 점에서 각별이 주의가 요망된다. 따라서 문화시민으로서 매너와 에티켓을 준수하는 문화인이 요구된다.

3.1 공연장 에티켓과 매너의 실제

공연(公演)이란 공개된 자리에서 연극 · 영화 · 무용 · 음악 · 오페라 · 뮤직컬 등을 상연하는 것으로서 무대에서 공연되는 모든 형태의 예술적인 것을 말한다. 이와 같은 공연은 인간의 문화소비부분에서 상당한 비중을 차지할 뿐만 아니라 물질문명 속에 살아가는 인간에게 정서적 · 정신적으로 풍요로움을 가져다준다. 따라서 공연 예술을 함께 감상하고 향유하기 위해서는 다음과 같은 에티켓과 매너가 요구된다.

- 공연장에는 감상할 능력이 없는 어린이(보통 6세 이하)는 동반하지 않는 것이 기본 예의다.
- 외투는 입구의 옷 보관 장소인 클로크 룸(cloak room)에 맡기고, 번호표를 받는다.
- 공연장에서 큰 소리로 떠들거나 야단스럽게 자리를 찾는 등의 행동은 금물이다.
- 공연장에서는 휴대폰을 끄거나 진동으로 전환한다.
- 공연장 입장은 최소한 10분 전에 자기 자리를 찾아가 앉는다.
- 남녀 동반일 경우남성이 앞장서서 여성을 지정 좌석 열까지 에스코트한다. 해당 좌석 열이 시작되는 곳에서 여성에게 좌석을 알려주며 먼저 앉도록 유도한다.
- 다른 사람이 앉아 있는 자리를 통과해야 할 때에는 반드시 “실례합니다” 하고 말을 한다.
- 공연이 시작된 뒤에 공연장에 도착했을 경우에는 1막이 끝날 때까지 밖에서 기다렸다가 막간에 들어간다.
- 외국 오페라 하우스의 박스석(특별석)에서는 앞줄에 여성, 뒷줄에 남성이 앉는다. 따라서 부부는 나란히 앉지 않게 되며, 주빈이 되는 여성이 무대를 바라보고 앞줄 왼쪽에 앉는다.

- 공연 도중에 불가피하게 밖으로 나가야 할 경우에는 다른 관객의 시선을 가로막지 않도록 주의하면서 나온다.
- 공연 도중에 일행과 이야기를 하거나 주변을 두리번거리고 혹은 과자나 스낵봉지를 부스럭거리는 것은 금물이다.
- 음악회의 경우 음악이 완전히 끝날 때까지 손뼉을 치지 않는 게 원칙이다.
- 앵콜은 한두 번 청하면 대체로 받아주지만, 받아주지 않는다고 휘파람을 불며 고함을 치거나 소란을 피우면서 자꾸 청하는 것은 실례이다.
- 공연이 완전히 끝날 때까지는 자리에서 일어나지 않는다.
- 공연이 끝나면 남성은 여성이 외투 입는 것을 도와주고 난 뒤에 자기 외투를 입는다.

3.2 전시장 및 박물관 에티켓과 매너의 실제

- 작품에 손을 대지 않는다.
- 작품에 대해 큰 소리로 아는 척하며, 떠드는 것도 실례이다.
- 안내원이 있으면 지시에 따라서 질서를 지킨다.
- 줄을 지어 관람할 경우에는 혼자 오래 서서 뒷사람에게 방해를 주지 않도록 한다.
- 사진촬영은 가능한지 여부를 알아본 다음에 한다.
- 핸드폰은 진동모드로 한다.
- 음식물이나 음료수를 실내에서 섭취하지 않는다.
- 관람에 방해가 되는 짐은 무료보관함을 이용한다.
- 작품을 감상하기 위해서는 장시간 걸어야 하므로 편안한 신발과 복장을 한다. 단, 슬리퍼는 안 된다.
- 다리가 아프다고 전시대 등에 걸터앉지 않는다.
- 애완동물은 출입되지 않는다.

4 스포츠경기 관람 에티켓과 매너

4.1 스포츠경기 관람 에티켓과 매너의 필요성

최근 우리 사회에서는 축구, 야구, 농구, 골프 등 프로 스포츠 경기가 대중적으로 인기를 얻고 있다. 특히 주일5제 등 여가시간의 증대로 인하여 레저 차원에서 스포츠 경기를 즐기는 수요가 증대하고 있다. 경기장에서는 경기를 하는 선수도 페어 플레이(fair play)를 해야겠지만 관중들도 관전 에티켓과 매너를 보여 주어야 한다. 각종 경기장에서 일부 관중들의 소란과 무질서한 행위는 경기에 지장을 주고, 청소년들에게도 나쁜 영향을 미친다. 따라서 성숙된 관전 자세와 응원문화가 정착되어야 할 것이다.

4.2 스포츠경기 관람 에티켓과 매너의 실제

- 건전한 응원문화를 창출한다.
- 경기장 내에서 음주와 흡연을 하지 않는다.
- 상대팀 선수에게 야유와 폭언, 욕설 등을 하지 않는다.
- 상대팀의 멋진 경기에는 박수를, 실수에는 응원의 박수를 보낸다.
- 병, 캔, 쓰레기 등을 경기장으로 투척하지 않는다.
- 경기장 내로 뛰어 들지 않는다.
- 경기가 끝나면 자기 주변의 쓰레기를 치운다.
- 레이저 빔이나 거울 이용하여 상대 선수에게 방해를 하지 않는다.
- 골프장에서 선수가 샷(shot)을 할 때는 움직이거나 소리를 내지 않는다.
- 골프장에서 갤러리의 가드 라인을 넘지 않는다.
- 스포츠 경기장에서는 선수도 페어 플레이(fair play)를 해야겠지만 관중들도 관전 에티켓과 매너를 보여 주어야 한다.

5 네티켓(netiquette)

5.1 네티켓의 의의

네티켓(netiquette)이란 네트워(network)과 에티켓(etiquette)의 합성어로서 인터넷 누리꾼의 예절을 발한다. 2008년도 모 연예인의 자살사건도 네티켓을 지키지 않은 일부 네티즌들의 악성 댓글에서 시작되었다는 점에서 시사하는 바가 크다고 할 수 있다. 인터넷 속의 가상공간은 정보의 바다로 서로의 지식과 의견을 건전하게 교류하는 장으로서 활용해야 한다. 올바른 네티켓을 지키기 위해서는 다음과 사항을 유의해야 한다.

(1) 가상공간에서 만난 사람도 인간임을 기억하라

가상공간에서는 시간과 공간을 초월하여 수많은 사람을 접할 수 있다. 가상공간에서 만난 사람도 인격체를 가진 실존 인간이다. 직접 대면에서는 할 수 없는 말들이 가상이라는 공간 뒤에 숨어서 상대방을 인간이하로 취급하는 경우를 종종 볼 수 있다.

(2) 온라인에서도 실생활과 같이 예의바르게 표현하라

가상공간에서 직접 대면하지 않는다는 이유로 무례한 경우가 많다. 특히 가상공간에서는 나이, 성별, 직업 등 상대방의 인적사항을 알 수 없다. 따라서 항상 겸손하고 예의바른 표현이 요구된다.

(3) 상대방의 실수를 용납하라

상대방이 올린 글에 중에서 조그만 실수에 대해서는 확대 재생산하여 부풀려서는 안 된다.

(4) 상대방의 의견을 존중해라

자기의 의견과 반대되는 견해라도 존중해 주어야 한다. 무조건 자신의 의견을 강조해서는 안 된다. 흑백논리나 이분법으로 판단해서는 안 되며, 감정보다는 이성으로 접근해야 한다.

(5) 흑백논리를 지양하라

흑백논리(黑白論理)란 모든 문제를 흑과 백, 선과 악, 득과 실이라는 양극단의 방식으로만 구분하려는 논리를 말한다. 민주주의에서는 구성원들의 대화와 토론을 통한 협의 과정이 매우 중요하다. 하지만 이러한 민주적, 합리적 사고를 방해하는 여러 가지 요소들이 있다. 고정관념, 흑백논리, 성급한 일반화, 감정에의 호소, 편견, 왜곡 등이 이에 해당한다고 할 수 있다. 이 중 흑백논리는 모든 문제를 두 가지로만 구분하려는 논리이다. 흑백논리는 중간적 입장을 허용하지 않으며, 입장을 양 극단으로 나누어 놓고, 이것 아니면 저것이라는 방식이다. 이러한 흑백논리는 자신만의 입장을 강조하여, 자신의 입장에 동조하지 않는 사람, 집단을 적으로 간주하게 된다. 그래서 극단적 선택을 강조하게 되며, 갈등을 증폭시켜 대화와 타협이 이루어지지 못하게 만드는 주요 원인이라고 할 수 있다. 흑백논리는 이분법적 사고라고도 한다.

5.2 네티켓의 필요성

최근 인터넷 실명제에 대한 논란이 뜨겁다. 인터넷 실명제에 대한 찬성과 반대는 나름대로의 논리를 갖고 있다. 어느 주장이 옳고 그름을 떠나 그 해법은 결국 네티켓의 정착이다. 이와 같은 네티켓은 제도권인 초등학교 교육에서부터 실시되어야 할 것이다. 인터넷 실명의 찬반 논리를 소개하면 다음과 같다.

(1) 인터넷 실명제 찬성논리

현재 우리 사회는 인터넷 이용자의 급속한 증대와 함께 모욕, 비방, 명예훼손 등 익명성을 이용한 역기능이 심화되고 있어 안전하고 신뢰할 수 있는 정보사회 구축에 장애요소로 작용하고 있다. 특히 게시판과 댓글은 접속빈도 등을 고려할 때 현실 미디어에 필적하는 사회적 영향력을 미친다고 할 수 있다. 따라서 보다 책임 있는 공론 형성을 위해 네티즌의 책임의식을 제고하고자 인터넷 실명제가 거론되기 시작했다. 즉 인터넷 실명제는 일정 범위의 정보통신망에서 이용자의 실명을 확인하게 하여 자기책임의식을 고양하고, 익명성으로 인한 비방, 욕설, 유언비어, 인신공격 등으로 인한 폐해를 없애자고 하는 것이다. 이와 같은 인터넷 실명제는 글을 쓰더라도 내 이름을 밝히기 때문에 예의를 갖추게 하고, 상대방이 나를 안다는 것을 기본 전제로 하기 때문에 책임감을 뒤따르게 하여 인터넷이 건전한 의견교환의 장이 되도록 하는 것이다.

(2) 인터넷 실명제 반대논리

인터넷 이용의 용이성은 익명성이다. 이러한 익명성으로 인하여 사람들은 자신이 누구인지 밝히지 않은 상태에서 하고 싶은 이야기를 마음껏 표현할 수 있었다. 인터넷 실명제를 반대하는 논리는 다음과 같이 3가지로 요약된다.

첫째, 실명제는 표현의 자유를 침해한다.

정치적 표현의 자유의 핵심은 비판의 자유를 보장하는 것이며, 비판의 자유는 익명으로 표현할 수 있는 자유가 보장되어야 비로소 완전해진다. 이름 없는 시민의 과감한 비판과 용감한 고발은 언제나 사회를 바꾸는 원동력이 되어 왔고, 이런 소중한 익명표현을 보장하고 존중하는 것은 민주주의의 오랜 전통이기도 하였다.

둘째, 실명제는 사회적 약자의 목소리를 줄게 한다.

인터넷 실명제를 할 경우 상대적으로 사회적 약자계층은 불이익이 두려워 표현을 적극적으로 하지 못할 가능성이 많다.

셋째, 인터넷 실명제는 주민등록번호 등 개인의 정보가 유출될 수 있으며, 도용으로 인한 피해가 발생할 수 있다.

그러나 인터넷의 익명성을 보장할 경우 상대방에 대하여 인신공격, 모욕, 비방, 명예훼손 등의 피해를 줄 수 있으며, 무책임한 유언비어에 자유로울 수 있다는 점에서 비판을 받고 있다.

5.3 네티켓의 실제

(1) 온라인에서 대화를 할 때

- 마주보고 이야기하는 마음가짐으로 임한다.
- 대화방에 처음 들어가면 지금까지 진행된 대화의 내용과 분위기를 파악하고 글을 올린다.
- 지극히 개인적인 논조는 피한다.
- 광고, 홍보 등 이름 날리기만을 목적으로 고의로 악용하지 않는다.
- 유언비어, 속어와 욕설 게재는 삼가고, 상호비방의 내용이나 타인의 명예를 훼손시킬 우려가 있는 내용은 금한다.
- 자기의 생각만을 고집함으로써 상대방에게 불쾌감을 주지 않도록 배려한다.

(2) 게시판에 글을 올릴 때

- 게시판의 글은 명확하고 간결하게 쓴다.
- 가능한 한 페이지를 넘기지 않도록 한다.
- 문법에 맞는 표현과 올바른 맞춤법을 사용한다.
- 다른 사람이 올린 글에 대해 지나친 반박은 삼간다.
- 사실무근의 내용을 올리지 않는다.
- 문자는 기록으로 남는다는 점에서 신중을 기한다.

6 기타 생활예절

6.1 길을 걸을 때

- 동성 간에는 손을 잡고 다니지 않는다. 동성애자로 오인을 받을 수 있다.
- 여러 명이 횡대로 나란히 걸어 다니지 않는다.
- 마주 오는 사람과 정면충돌하지 않도록 주의한다. 만약 살짝 스치기라도 하면 반드시 "미안합니다(Excuse me)"라고 말한다.
- 걸으면서 음식을 먹거나 흡연을 삼간다.
- 혼잡한 거리에서 오랫동안 서서 이야기하지 않는다.
- 남녀가 함께 거리를 걸을 때에는 남자가 차도 쪽에서 걷는다.
- 여성이 남성에게 매달리듯 걷는 것은 에티켓에 어긋난다.
- 길거리에서 큰 소리로 멀리 있는 지인의 이름을 부르지 않는다.
- 여성은 길에서 화장을 고친다거나 머리 모양을 바꾸는 등의 행동을 삼간다.

6.2 화장실 사용

- 화장실의 세면기는 사용 후 다음 사람을 위해서 종이 타월로 깨끗이 닦아 놓는 것은 기본 에티켓이다.
- 화장실에서 순서를 기다릴 때는 문에서 조금 떨어진 곳에서 줄을 선다.
- 화장실에서 사용한 휴지는 변기통에 넣어 물을 내린다. 단 휴지가 아닌 것을 넣어서는 안 된다.
- 화장실에서 볼일을 다 본 후 나올 때는 문을 살짝 열어 놓는다. 일본이나 서양에서는 문이 닫혀 있으면 안에 사람이 있는 줄 안다. 노크를 하면 되지 않느냐라고 할 수 있다. 안에 있는 사람을 최대한 배려하는 차원에서 가능한 노크를 하지 않는 것이다.

6.3 흡연 매너

전 세계적으로 흡연의 피해가 부각되면서 애연가의 입지가 매우 좁아졌다. 미국에서는 공공장소에서의 흡연은 법으로 엄격히 제한하고 있으며, 유럽지역의 국가들도 공공장소에서의 흡연은 대부분 제한되어 있다. 흡연 장소에서 담배를 피우더라도 다음과 같은 매너는 지켜야 한다.

- 흡연을 하기 전에는 그 장소가 흡연가능 지역인지를 먼저 파악해야 하는데 실내에 재떨이나 금연표시 등을 보고 흡연지역인지 아닌지를 파악할 수 있다. 그러나 공공장소에서는 이러한 표시가 없더라도 당연히 금연구역으로 생각해야 한다.
- 방문을 한 곳에서는 가능한 상대방이 담배를 먼저 피우지 않으면 자신도 삼가야 한다.
- 담배를 권할 때는 한 개비만 꺼내지 말고 담배 갑 속에 반쯤 꺼내어 권하는 것이 좋다.
- 라이터는 상대방에게 먼저, 성냥은 자신에게 먼저 불을 붙인 후 상대방에게 권한다.
- 라이터의 불은 담배를 물고 있는 얼굴 가까이에서 붙이는 것이 아니라 조금 멀리서 불을 붙인 후 상대방의 담배에 갔다 댄다.
- 담배에서 담배로 불을 전달받아 붙이는 것은 좋지 않다.
- 담배연기를 사람의 얼굴로 향하여 내 뿜어서는 안 된다.
- 담뱃재와 꽁초는 재떨이가 아닌 다른 곳에 털거나 버리는 것은 금물이다.
- 식탁에서는 식사 전이나 식사 중에는 피워서는 안 되고 반드시 식사 후에 피워야 한다.
- 도로나 복도에서 걸어 다니면서 피워서는 안 된다.
- 여성이 남성과 같이 있을 경우는 자기자신이 직접 불을 붙여서는 안 되고 반드시 남성의 도움을 받는다.

- 유럽에서는 하나의 성냥으로 세 사람 이상 불을 붙여서는 안 된다. 그 이유는 어느 전쟁 중 영국 병사들이 야간에 휴식을 취하면서 담배를 피웠는데 적군이 이 담배 불을 발견하고 총을 겨냥하여 사격을 준비하는 동안에 세 번째로 불을 붙이던 병사가 겨냥되었고 결국 그 병사가 사망한데서 유래되었다.

6.4 식당에서

식당은 음식 따위를 만들어 파는 가게로서 불특정 대다수 사람들이 공용으로 사용하는데, 다른 사람의 즐거운 식사가 나의 불미스러운 행동에 의하여 방해가 되지 않도록 해야 할 것이다.

- 종업원에게 막무가내로 반말을 하지 않는다.
- 애완견을 데리고 와서 식사를 하지 않는다.
- 애들이 식당 내에서 뛰어 다니지 않도록 주의를 준다.
- 큰 목소리로 대화를 하지 않는다.
- 물수건은 손을 제외한 부위에는 딱지 않는다.
- 물을 마시고 입안에서 우물우물 소리 내지 않는다.
- 흡연을 해서는 안 된다.

6.5 공원과 유원지에서

공원은 공중의 휴식과 산책, 보건 등을 목적으로 조성한 넓은 정원이나 장소이고, 유원지는 공원과 비슷하지만 영리를 목적으로 하여 오락 · 운동 시설과 휴게실, 기타 편의 시설을 갖추어 놓은 녹지를 말한다. 이러한 공원과 유원지는 자연이 조성되어 있고, 대다수 시민들이 공유한다는 점에서 다음과 같은 에티켓과 매너가 요구된다.

- 나무, 꽃, 잔디를 보호한다.
- 사육하는 동물을 괴롭히거나 먹이를 함부로 주지 않는다.
- 긴 의자에 눕거나 신발을 신고 올라서지 않는다.
- 용변은 반드시 공중화장실을 이용하고, 깨끗이 사용한다.
- 음주 가무행위를 하지 않는다.
- 도박행위를 하지 않는다.
- 안전에 유의하고, 출입금지 지역에는 들어가지 않는다.
- 음식을 먹었던 자리나 놀던 자리는 깨끗이 치운다.
- 쓰레기는 지정된 휴지통에 버리거나 비닐봉지에 담아 온다.
- 낙서를 하지 않는다.
- 애완용 동물을 데리고 왔을 때는 항상 비닐봉지와 휴지를 준비하여 용변에 대비한다.

6.6 조문 예절

조문(弔問)이란 조상(弔喪)과 문상(問喪)를 합쳐 이르는 말이다. 조상(弔喪)은 고인의 죽음을 슬퍼하여 인사하는 것으로 빈소에 예를 갖추는 것이며, 문상(問喪)은 '죽음을 묻는다' 는 의미로 상주에게 상을 당한 것을 위로한다는 뜻이다.

(1) 가까운 친지가 상을 당하였을 경우

가까운 친척 친지 가운데서 상을 당한 연락이 오면, 가급적 빨리 상가에 가서 상제를 도와 장의 준비를 함께 하는 것이 좋다. 상가에 가면 우선 상제들을 위로하고 장의 절차, 예산 관계 등을 상의하고 할 일을 서로 분담하여 책임감 있게 수행해준다. 내용도 잘 모르면서 이일 저 일에 참견하는 태도는 바람직하지 못하다. 또한 아무리 가까운 사이라도 복장을 바르게 하여 영위에 분향을 하고, 재배를 한 다음 상주에게 정중한 태도로 위로를 한다.

(2) 조문객의 옷차림

남성의 경우 검정색 양복이 원칙이다. 갑자기 통지를 받았거나 미처 검정색 양복이 준비되지 못한 경우 감색을 입어도 실례가 되지 않는다. 셔츠는 반드시 흰색으로 하고, 넥타이 · 양말 · 구두는 검정색으로 한다.

여성의 경우 검정색 상의에 검정색 스커트를 입는 것이 가장 무난하다. 주름치마는 폭이 넓어서 앉아도 신경이 쓰이지 않아 편리하다. 검정색 구두에 무늬가 없는 검정색 스타킹이 좋다. 그 밖에 장갑이나 핸드백도 검정색으로 통일시키고, 또한 되도록 색채화장은 피하는 것이 바람직하다.

(3) 조문순서

- 상가(빈소)에 도착하면 문밖에서 외투나 모자 등을 입구에서 벗고 들어간다.
- 상주에게 가볍게 목례를 한다.
- 영정 앞에 무릎을 꿇고 분향이나 헌화 또는 술을 올린다.
- 향은 1개 혹은 3개와 같이 홀수로 집어야 하며, 촛불에 붙인 다음 왼손을 가볍게 흔들어 끄고(절대로 입으로 끄지 말 것), 두 손으로 향로에 꽂는다.
- 묵념 또는 영정에 2배 반의 절을 한다.
- 한 걸음 물러선 다음 상주와 맞절을 한 다음 위로의 말을 건넨다. 이 때 낮은 목소리로 짧게 끝낸다.
- 문상이 끝나고 물러나올 때에는 두세 걸음 뒤로 물러난 뒤, 몸을 돌려 나오는 것이 예의이다.

(4) 위로의 말

상가에서 위로의 말은 상주의 부모, 아내, 남편, 자제에 따라 위로의 말이 달라지는데 그 내용은 다음 표와 같다.

〈표 6-2〉 상가에서 위로의 말

구분	내용
상주의 부모	• "이렇게 상을 당하시어 얼마나 망극하십니까?" • "망극한 일을 당하셔서 어떻게 말씀드려야 좋을지 모르겠습니다." • 망극이란 표현은 부모상에만 쓰는 것이다. • "천수를 다하셨습니다." • "춘추는 얼마나 되셨습니까?" • "장지는 어디로 정하셨습니까?"
상주의 남편	"상사(喪事)에 어떻게 말씀 여쭐지 모르겠습니다."
상주의 아내	"위로할 말씀이 없습니다. 옛 말에 고분지통이라 했는데 얼마나 섭섭하십니까?" 고분지통(叩盆之痛)이란 아내가 죽었을 때 물동이를 두드리며 슬퍼했다는 장자(莊子)의 고사에서 나온 말이다.
상주의 자녀	• "얼마나 애통하십니까?" • "얼마나 가슴 아프십니까?"

(5) 조장(弔狀), 조전(弔電)

불가피한 사정으로 문상을 갈 수 없을 때에는 편지(弔狀)나 조전(弔電)을 보낸다. 부고(訃告)를 냈는데도 문상을 오지 않았거나 조장 또는 조전조차 보내오지 않은 사람과는 평생 동안 말도 않고 대면도 하지 않는 것이 예전의 풍습이었다.

(6) 조의금

조의금(弔意金)이란 남의 죽음을 슬퍼하는 뜻으로 내는 돈을 의미하는데 다음과 같은 사항에 유의해야 한다.

- 조의금 봉투에는 초상의 경우 '부의(賻儀)' 라고 쓰는 것이 가장 일반적이며, 그 밖에 '근조(謹弔)', '조의(弔儀)', '전의(奠儀)' 라고 쓰기도 한다.
- 조의금을 봉투에 넣을 때는 단자(봉투 안의 종이)를 사용하는데, 단자에 '금 ○○○○○원' 이라 쓴다. 영수증을 쓰듯이 '일금 ○○원정' 으로 쓰지 않도록 한다.

- 부조하는 사람의 이름 뒤에는 아무것도 쓰지 않아도 되지만 '근정(謹呈)', 또는 '근상(謹上)' 이라고 쓰기도 한다.

(7) 조문시기

조문시기는 상을 당한 첫날보다는 둘쨋날 이후를 택하는 것이 좋다. 상을 당한 첫날에는 입관을 하거나 상제들의 제의 등 맞을 준비가 안 되어 있을 수 있다.

(8) 기타

- 유족에게 계속 말을 시키지는 등 장의진행에 불편을 주거나 유족에게 정신적 피로를 주지 않는다.
- 상주, 상제에게 악수를 청하는 행동은 삼가야 한다.
- 상주가 어리다 하여 반말이나 예의 없는 행동을 해서는 안 된다.
- 반가운 친구나 친지를 만나더라도 큰소리로 이름을 부르지 말고 낮은 목소리로 조심스럽게 말한다. 조문이 끝난 뒤 밖에서 따로 이야기하도록 한다.
- 고인의 사망원인, 경위 등을 유족에게 상세하게 묻지 않는다.
- 집안 풍습이나 종교가 다른 경우라도 상가의 가풍에 따라 주는 것이 예의다.
- 상가에서 술을 마실 때는 건배(위하여)를 하지 않는다.

6.7 결혼식 축하 예절

결혼식은 남자와 여자가 부부 되기를 서약하는 의식으로서 혼례식이라고도 한다. 이들을 축하하는 자리에도 다음과 같이 예를 갖추어야 한다.

(1) 복장과 참석시간

예식장에는 정장을 입고 참석해야 하며, 식전에 도착하여 혼주와의 인사 및 축의금을 전달한다.

(2) 축의금

- 축의금은 자기의 처지에 맞게 분수에 넘치지 않도록 한다.
- 봉투와 내면지를 쓸 경우는 깨끗하게 성의를 다한다.
- 축의금의 봉투는 봉하지 않는다.
- 축의금 봉투의 문구는 축 혼인(祝 婚姻), 축 화혼(祝 華婚), 축의(祝儀), 축 성전(祝 盛典) 등을 기입한다.

6.8 문병할 때

문병(問病)이란 다쳤거나 병을 앓아서 병상에 있는 사람을 찾아가 위로하는 것을 말한다. 문병수칙을 준수하여 환자는 물론 병원 내 의료진과 내방객에게 피해를 주어서는 안 된다.

(1) 문병시간

병문안은 짧게 시간 내에 끝내는 것이 좋다. 문병시간은 병원에서 정한 면회시간 또는 오전 10시경이나 오후 3시경이 좋으며, 환자의 식사시간 및 의사의 회진시간은 피한다. 회진시에는 복도에서 끝날 때까지 기다린다.

(2) 문병할 때 위로의 말

- "사고를 당하였다기에 무척 놀랐습니다. 이만 하기가 다행입니다."
- "요새는 병환이 좀 어떻습니까?"
- "요전보다는 안색이 퍽 나아 보입니다. 이제 얼마 지나면 완쾌되겠지요. 이대로 꾸준히 조리 잘 하셔야겠습니다."

(3) 문병 수칙

- 환자의 빠른 쾌유를 위해 병문안을 가능한 자제한다.
- 불가피한 병문안시 의료기관의 면회수칙을 반드시 지킨다.

• 감기 등 호흡기 질환의 경우 반드시 마스크를 착용한다.

• 병문안 후 반드시 손을 깨끗이 씻는다.

(3) 기타

문병할 때 꽃을 사가지고 가는 것은 무난하지만 화분은 금물이다. 병실에 화분을 놓아두면 환자의 병이 뿌리처럼 내린다는 간접적인 뜻이 된다.

사례 **한국의 문병문화 개선**

2015년 메르스(Mers ; 중동호흡기증후군)는 한국사회에 큰 파장을 던졌다. 세계보건기구(WHO)는 "가족이나 지인이 문병하거나 간병인을 두는 특유의 한국식 병원 문화로 2차 감염이 더 확산됐을 것"이라고 밝혔다.

미국 · 독일 · 일본 등 주요 선진국은 우선 문병객 출입 관리가 철저하다. 출입 데스크에서 출입증을 받아야만 병문안을 할 수 있다. 병문안 신청서에 주소, 이름, 전화번호와 문병하고자 하는 환자 이름을 적어 내야 출입증을 준다. 출입증을 발급하기 때문에 병원은 누가 어느 환자를 찾았는지 알 수 있고, 이는 전염병이 생길 경우 역학 조사 자료로 쓸 수 있다.

면회 시간도 철저하게 지켜야 한다. 한번 병문안을 오면 서너 시간씩 머무르는 한국과는 달리 일본에는 '3 · 30 원칙'이란 게 있다. 병문안은 3명 이하로 제한하고 30분 이내에 끝내는 원칙이다. 환자가 직접 간병인을 고용하는 것도 한국에서나 볼 수 있다. 선진국은 간호사가 중심이 된 간병 체계이다. 일본은 1990년대 초반까진 한국처럼 간병인이 병실에 상주했지만 1997년부터 입원 환자는 간병인을 둘 수 없도록 했다. 일본 병동은 한국처럼 3~4인 다인실 병동이 많지만, 이 조치로 간병인이 사라지면서 병실이 조용하고 깨끗해졌다고 한다.

6.9 공동주택 생활 에티켓과 매너

전국 주택 비율 중 아파트가 약 60% 차지하여 한국은 '아파트 공화국' 이라고 불리고 있으며, 외국인 눈에는 신기할 정도로 비치고 있다. 우리나라에서 아파트의 주거 비율이 높은 것은 땅이 좁은 탓도 있지만 도시화 · 산업화 · 편리성 때문에 아파트를 선호하기 때문이다. 그런데 아파트 공동생활문화는 낙후되어 입주민 간에 분쟁으로 인하여 이웃사촌이 아니라 원수가 되기도 한다. 행복한 이웃사촌을 만들기 위해서는 다음과 같이 상호 공동생활에 대한 에티켓과 매너가 요구된다.

- 엘리베이터 내에서 만나면 상호 인사를 한다.
- 층간 소음으로 분쟁이 발생하지 않도록 주의한다.
- 애완견은 목줄을 묶어 동행한다.
- 쓰레기 및 음식물 등 분리수거를 규정대로 한다.
- 주차장에서 주차선을 지킨다.
- 비상계단이나 복도에서 흡연을 하지 않는다.

제7장

해외여행 에티켓과 매너

1. 여권
2. 비자
3. 해외여행 준비
4. 공항과 비행기에서의 에티켓과 매너
5. 호텔 사용 에티켓과 매너
6. 팁 매너
7. 쇼핑 에티켓과 매너
8. 사고대처 요령

제7장

해외여행 에티켓과 매너

1 여권

1.1 여권의 개념

외국에 여행하려면 여권이 반드시 필요하다. 여권(passport)은 국민이 외국에 여행할 때 본국이 여행자의 신분과 국적을 증명하고 아울러 상대국에게 여행자의 안전한 통과를 위한 편의제공과 보호를 요청하는 공문서이다. 원칙적으로 여권 또는 이에 갈음하는 증명서(여행증명서)를 소지하지 아니한 자는 출입국을 할 수 없다. 우리나라도 여권을 소지하지 아니한 외국인의 입국은 금지되어 있으며 외국에 여행하고자 하는 국민은 여권법 규정에 의하여 발급된 여권을 소지하여야 한다.

1.2 여권의 용도

- 환전할 때
- 비자 신청과 발급 때
- 출국 수속과 항공기에 탈 때
- 현지 입국과 귀국 수속할 때
- 면세점에서 면세상품을 구입할 때
- 국제운전면허증을 만들 때
- 국제 청소년 여행 연맹카드(FIYTO)만들 때
- 여행자 수표로 지불할 때
- 여행자 수표의 도난이나 분실 때
- 재발급 신청 할 때
- 출국할 때
- 병역의무자가 병무신고를 할 때와 귀국 신고할 때
- 해외 여행 중 한국으로부터 송금된 돈을 찾을 때
- 렌터카 임대할 때

1.3 해외여행 중 여권을 분실하였을 때

현지의 한국 대사관이나 영사관에서 재발급 수속을 하며, 일반여권 재발급 신청서 2통을 작성한 후 여권 발급 수수료(현지 통화), 사진, 여권 분실 신고확인서(현지 경찰서 발행), 여권 번호 및 발행 연, 월, 일, 여권 유효기간, 수수료 등이 필요하다. 따라서 여행 전에 만일의 경우를 대비해서 여분의 사진과 여권 유효기간 및 여권 번호를 수첩에 꼭 적어 두거나 기재 사항의 면을 복사해서 가지고 다녀야 유사시 대비할 수 있다.

2 비자

2.1 비자(사증)의 개념

여권만 소지하고 있다고 해서 어느 나라든 여행을 할 수 있는 것은 아니며, 방문하고자 하는 나라에서 발급하는 입국허가증인 비자가 있어야 한다. 즉 비자(VISA)란 여행하고자 하는 나라 또는 방문하고자 하는 나라로부터 입국허가를 받는 문서로서 일반적으로 방문국의 대사관이나 영사관에서 받게 되며, 유효기간에 따라 복수와 단수비자로 발급된다.

최근에 세계 대부뷴의 국가에서 관광목적 혹은 제3국으로 출발하는 복적지가 표기된 항공권을 소유하고 있으면 72시간 이내 체류할 수 있도록 공항에서 입국허가를 발급해 주고 있다. 일부 국가들을 제외하고 대부분의 국가가 우리나라와 비자상호 면제협정(no visa agreement)이 체결되어 있어서 여권만으로도 여행할 수 있다. 그러나 비자 상호면제협정이 체결된 국가라 하더라도 취업, 이민, 상사주재, 유학 등의 목적으로 입국할 때에는 반드시 비자를 받아야 한다.

2.2 비자의 종류 및 발급절차

비자는 사용횟수에 따라 1회 입국하여 출국하면 효력이 상실되는 단수비자와 유효기간 내에는 몇 번이라도 출입국이 가능한 복수비자로 분류된다. 또한 비자는 여행목적, 체재기간에 따라 입국비자와 통과비자로 구분된다. 입국비자는 여행하고자 하는 나라에 가는 것을 주목적으로 하는 경우에 교부되는 비자로서 그 목적에 따라 관광, 상용 및 영주 등으로 구분되어 발급된다. 통과비자는 여행객이 여행하고자 하는 나라로 가는 여행 경로상 필요에 의해 도중에 다른 나라에 들리는 경우에 경유국에서 발급된다.

3 해외여행 준비

3.1 해외여행 마음가짐

국외여행객이 1000만 명 시대가 도래되었다. 그러나 성숙되지 못한 해외여행문화로 인하여 해외 여러 곳에서 한국 여행객들이 지탄을 받고 있는 실정이다. 해외여행을 갈 때는 "나들이 복장만 갈아입지 말고 마음도 갈아입어라"라는 말이 있다. 간혹 한국인 관광객이 외국 관광지에서 현지인들의 눈살을 찌푸리게 하는 행동을 하여 '추한 한국인(ugly Korean)'이라는 불명예를 얻고 있다. 자랑스러운 한글을 세계 유명한 관광지에서 발견하지만 대부분 에티켓을 지켜달라는 애원성 문구가 대부분이다. "낙서하지 마세요. 침 뱉지 마세요. 조용히 하세요" 등등.

따라서 건전한 해외여행 문화를 정착하고, 해외여행에서 금지행위를 하지 않는 등 에티켓과 매너를 지켜 한국의 민간 외교 사절로서 품위를 보여 주어야 할 것이다. 해외에서의 개인행동이 '대한한국'이라는 브랜드와 이미지에 손상을 주어서는 안 된다. 따라서 해외에서는 어글리 코리언(ugly Korean)이 아니라 원더풀 코리언(wonderful Korean)이 되어야 할 것이다.

〈그림 7-1〉 해외에서 추한 행동과 좋은 행동의 결과

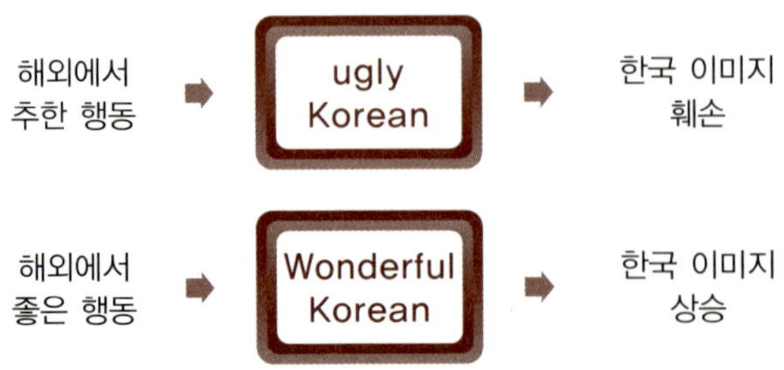

(1) 어글리 코리안의 사례

혐오식품 섭취, 음주 추태, 폭언 및 폭력, 불법관광행위 등 해외에서 한국 관광객이 추한 행동으로 인하여 비난을 받는 경우가 많으며, 심할 경우 벌금을 물거나 추방되기도 하였다. 유럽 일부 레스토랑에서는 "한국인 출입금지"라는 안내판을 붙인 곳도 있다. 레스토랑 내에서 주변 사람에게 피해를 줄 정도로 너무 떠든다는 것이다. 다음은 외교통상부에서 조사한 주한 외국인 지적하는 어글리 코리언의 사례이므로 이를 참조하여 해외에서는 이러한 행동을 삼가야겠다.

- 뒤 따라 오는 사람을 위해 문을 잡아주지 않는다.
- 길가에서 서로 부딪혀도 사과를 하지 않는다.
- 주의를 끌기 위해 옷자락을 잡아끌거나 툭툭 친다.
- 중지로 물건을 가리킨다.
- 코를 풀지 않고 계속 훌쩍거린다.
- 아무데서나 침을 뱉는다.
- 공공장소에서 마른 오징어를 먹는다.
- 식사 중에 식탁을 가로질러 물건을 잡는다.
- 식사 중에 허리띠를 푼다.
- 식사 후에 음료수로 오글오글 입을 헹군다.

(2) 건전한 해외여행 에티켓과 매너의 실제

- 여행국의 생활관습, 여행정보 등을 사전에 충분히 알고 떠난다.
- 방문국 고유의 풍습과 문화를 존중하는 마음을 가지고 행동한다.
- 비행기, 호텔, 식당 및 기타 공공장소에서는 반드시 기본예절을 지킨다.
- 무질서 및 무례한 행동을 하지 않는다.
- 선물을 과다하게 구입하여 외화를 낭비하지 않는다.

- 향락행위보다는 지식을 쇼핑하는 교육여행이 되도록 한다.
- 혐오식품 섭취 등 보신관광을 하지 않는다.
- 가급적 개별행동과 우범지역의 출입을 피하고 안전에 유의한다.
- 방문국에서 동 · 식물 및 과일 등 반입을 금지하는 품목에 대하여 사전에 확인한다.
- 한국에서 음식을 가져와 현지 레스토랑이나 호텔 객실에서 먹지 않는다.
- 레스토랑 내에서 주변 사람에게 피해를 줄 정도로 떠들지 않는다.
- 그 나라의 자연과 환경을 존중하고 관광지에 낙서를 하지 않는다. 문화재에 대한 낙서는 인류문명에 대한 모독이자 만행이다.

사례 앙코르와트에 한글 낙서 나라망신

잉카유적에 일본인이 낙서해 일본인 전체가 출입금지가 된 경우도 있었다. 우리나라도 자유로울 수 없다. 외국의 유명 관광지에 한국어로 "낙서를 하지 마세요, 사진 찍지 마세요"라는 문구를 종종 볼 수 있다. 다음은 앙코르와트를 관광하던 한 한국인 관광객이 올린 글이다.

2007.1.14 캄보디아 앙코르와트 관광 중 정문이 아닌 오른쪽 문으로 들어가서 왼쪽 기둥 북편에 한글 낙서를 보고 수치심과 분개심으로 어쩔 줄을 몰랐다. 현지 가이드인 한국인이 한국에 돌아가면 이런 사실을 인터넷에 올려 다시는 이런 일이 없도록 해 달라는 부탁 말씀. 낙서 내용은 "남원 김정×"

자료 : 도깨비뉴스

사례 파리 센강 유람선 선착장에 한국어 낙서

다음은 파리 센강을 관광하던 한 한국인 관광객이 올린 글이다.

프랑스 파리 센강 유람선 선착장인데 배 난간에 낙서가 보인다. 이 사진은 독자 웃기는 님이 도깨비 뉴스 게시판에 올린 것이다. 그는 미디어 다음의 아고라를 링크했으나 이 사진을 직접 촬영한 것인지 아고라에서 퍼온 것인지는 밝히지 않았지만 낙서의 내용은 다음과 같다.

2005. 10.23~10.29

*19차 ○○자동차 해외연수단

*항상 행복하시고 건강하시길............-○○자동차 노동조합-최○○

한편 ○○차 노조관계자는 "19차 해외연수를 프랑스 파리로 간 것이 맞고, 사진 속에 있는 이름으로 확인한 결과 그가 낙서를 남긴 것이 맞다"고 밝혔다. 그는 "여기까지 왔으니 흔적을 남기기 위해 무심코 그렇게 쓴 것 같다"면서 "주의시키겠다"고 전했다.

사례 호주의 반입금지 품목

최근 인기 신혼여행지로 떠오르고 있는 호주 여행객들이 반입금지 품목을 잘 몰라 공항 세관에서 벌금을 무는 사례가 많아 주의가 요망된다.

인천공항 세관에 따르면 호주는 휴대품에 대한 검역기준이 우리나라와 차이가 많아 세관에 정확히 신고해야 하며, 규정에 따라 검역물품을 신고하지 않은 것이 적발되면 현장에서 100호주달러(한화 8만3천여 원) 이상의 벌금이 부과된다.

예컨대 신혼부부가 결혼식 폐백 때 받은 육포나 밤, 대추 등은 반드시 신고해야 하는 물품이다. 말린 과일이나 야채, 과자류, 건과류, 차 · 커피 · 음료수, 면류, 쌀 등의 음식류와 텐트 · 등산화 등 캠핑용구, 생화와 꽃다발 등은 호주로 가져갈 수 있지만 공항에서 반드시 입국카드에 기재, 신고해야 한다.

이와 달리 낙농제품을 중심으로 한 일부 식품류에 대해서는 반입 제한이 엄격해우유와 마요네즈 · 버터 등 낙농제품, 달걀과 이를 원료로 한 제품, 육류 · 돈육, 소시지, 연어 · 송어, 녹용 · 녹각 등은 아예 반입이 금지돼 있다.

호주의 모든 국제공항에서는 위반 내역에 따라 통상 110~220호주달러의 벌금을 여행객에게 부과하며, 벌금 납부를 거부하면 즉결재판에 회부될 수도 있다. 세관 관계자는 "신혼부부를 비롯해 호주 여행객은 갈수록 늘어나고 있는데 세관규정을 잘 몰라 벌금을 내는 사람들이 최근 부쩍 늘어나고 있다"며 "호주 주재 대사관 홈페이지 등을 참조해 여행 전에 관련정보를 알아두는 게 좋다"고 조언했다.

3.2 해외여행 준비물

해외에서 원활한 관광활동을 위해서는 사전에 여행준비물을 꼼꼼히 챙겨야 하는데, 다음과 같은 체크리스트에 의하여 준비한다.

〈표 7-1〉 해외여행 준비물 체크리스트

구분	준비물 내용	체크
여권 · 비자	해외여행의 필수품, 분실의 사고를 대비해 사진이 있는 1면은 복사해서 여권과 다른 곳에 보관해 둔다.	
항공권	출국, 귀국 날짜, 여정, 유효기간을 반드시 확인하고, 분실의 사고를 대비해 복사본을 보관해 둔다.	
한국화폐	공항 간 이동 시 교통비, 공항세 지불 등에 필요한 돈	
현지화폐	팁, 쇼핑, 선택관광, 기타 개인적인 경비 등에 필요한 돈. 팁을 위한 1달러짜리 소액권도 여러 장 준비	

구분	준비물 내용	체크
신용카드	해외에서 사용가능한 카드로 만일의 경우를 대비해 1장 정도 준비한다.	
여행자수표	반드시 서명을 하고, 현금과의 비율은 7:3 정도로 환전한다.	
여행자보험증	단체여행의 경우 준비하지 않아도 되며, 개별여행인 경우에는 사고를 대비해 준비해 가는 것이 좋다.	
국제학생증	해당자는 할인혜택도 있기 때문에 준비해 가는 것이 좋다.	
국제운전면허증	렌터카로 여행을 할 분들은 국내면허증과 함께 준비해 간다.	
예비용 사진	여권 분실의 사고를 대비해 2~3장 정도 준비한다.	
소형계산기	환율계산이나 쇼핑, 예산 산출 등에 편리하게 사용할 수 있다.	
작은 가방	큰 가방과 분리해서 휴대할 수 있는 작은 가방이 있으면 편리하다.	
필기도구/수첩	여권번호, 여행자수표번호, 신용카드번호, 현지주요기관 등의 번호를 메모해 두고, 현지에서 얻은 유용한 정보를 메모할 수 있는 필기도구를 가져간다.	
카메라와 필름	여행에 있어서 카메라는 필수품, 필름은 세계적으로 한국이 가장 저렴하므로, 한국에서 구입해가는 것이 좋다. 디지털 카메라도 좋다.	
세면도구	칫솔, 치약,비누, 수건, 면도기 등은 호텔에 숙박하는 경우에는 필요 없으며, 그렇지 않은 경우 여행용으로 간단하게 준비해 간다.	
비치용품	모자, 선글라스, 비치샌들, 수영복, 자외선 차단크림 등. 여름이나 열대기후 여행시에는 필수품	
비상약	평소에 복용하는 약, 소화제, 신경안정제, 진통제, 멀미약, 감기약, 피로회복제, 1회용 밴드 등	
화장품	여행용이나 소포장용을 가져가는 것이 좋다.	
휴대용 우산	비가 올 경우나, 우기인 국가를 여행할 경우 휴대가 편리한 접이식 우산이 좋다.	
빗/드라이어	호텔에 없는 경우도 있으므로, 가져가는 것이 좋으며, 전압과 플러그를 확인하고 가져간다. 플로그는 호텔에서 대여해 주는 경우가 많다.	
셔츠 · 바지	편한 것으로 여행기간에 맞게 준비하며, 되도록 적게 가져가는 것이 좋다.	
재킷/가디건	냉방차, 비행기, 비올 때, 밤에는 기온차가 생기므로 가벼운 것으로 준비하는 것이 좋다.	
속옷	호텔 등에서 세탁을 할 수도 있으므로, 여행기간에 맞게 준비한다.	

구분	준비물 내용	체크
비닐봉투	빨래할 옷, 젖은 옷, 잡동사니를 넣기에 편리하다.	
생리용품	현지에서 구입하기가 쉽지 않고, 비싼 경우가 많으므로 미리 준비해 가는 것이 좋다.	
알람 손목시계	바쁜 일정 중에 스케줄 관리에 편리하다.	

4 공항과 비행기에서의 에티켓과 매너

4.1 공항에서의 에티켓과 매너

(1) 탑승 전

공항에는 적어도 항공기 출발 시각보다 1시간 30분 전에 도착해서 예약한 항공권을 좌석번호가 적힌 탑승권(boarding pass)으로 발부받는다. 그리고 기내에 가지고 가지 않는 수하물을 미리 부친다. 이후 여유 시간을 활용하여 공항세를 지불하고, 필요한 경우 환전도 하며 출입국 카드를 작성하고 관련여행 서류를 확인한다. 수하물 부치고 난 뒤에는 엑스레이 검색기의 통과 여부를 확인하기 위해 10분 정도 기다렸다 들어가는 것이 좋다.

(2) 보안검사

항공기의 안전 운항과 승객의 안전 여행을 위해 불법 무기류나 흉기를 소지할 수 없다. 주방용 칼이나 제단용 가위 송곳 같은 물건은 기내 반입이 금지 되며, 규제 대상 품목을 가지고 다니지 않도록 한다. 라이터와 성냥은 화재 위험성 때문에 화물로 부치는 짐에는 넣을 수 없다. 미국 영토를 운항하는 모든 항공편에서 라이터는 기내 반입 금지 품목이다. 성냥의 경우 딱성냥은 일절 반입이 금지되며, 하나씩 뜯어 쓰는 종이 성냥(book match)은 40개비(4묶음)까지 반입이 허용된다.

(3) 세관(customs)

세관검사는 자국의 산업 보호와 경제질서 유지차원에서 행해지는 것이다. 출국 시 고가품이나 귀중품(고급 골프채 · 카메라 · 시계 · 귀금속류)을 가지고 나갈 때는 반출 신고를 해야 한다. 그렇지 않으면 귀국 시에 외국에서 구입한 것으로 간주하여 관세를 부과하게 된다. 입국 시 세관검사는 반입금지품목이나 구제 대상 품목의 소지 여부를 점검하고, 반입 허용품이라도 과세 대상 품목에 대해서는 관세를 부과한다.

(4) 출입국 심사(immigration)

출입국 심사에서는 여권 등의 유효여부를 확인하여 국민의 무사 여행을 지원하는 한편 위변조 여권 소지자 등 불법출국 하려는 자와 출국 금지자의 출국을 금지하는 곳이다. 따라서 심사관은 모든 서류여권과 비자, 항공권, 출입국 카드가 유효한가의 여부를 점검하고, 아울러 출입국이 금지되어 있거나 규제하고 있는 사람이 아닌 가를 점검하게 되므로 해외 여행객은 이에 순순히 응해야 한다. 출국 심사시에는 여권, 탑승권, 출입국 신고서를 함께 제출해야 한다.

이와 같이 출입국 심사는 자국의 사회 안정과 치안 유지 차원에서 행해지는 것이다. 출입국 심사할 때는 대기선(노란선) 밖에서 기다렸다가 앞사람의 수속이 완전히 마치면 심사대로 가고, 얼굴을 가리는 선글라스 및 모자는 벗는다. 심사관이 여행 목적이나 체류 장소 및 기간 등을 묻는 경우 정중하게 답변을 한다.

(5) 검역(quarantine)

검역은 자국민의 건강보호와 자국의 동식물 보호 및 자연보호 차원에서 행해진다. 모든 예방 접종은 여행 개시 2주 전쯤에 맞는 것이 가장 효과적이며, 외국에서 동식물(육류, 박제 포함)이나 과일 등을 가지고 올 때에도 검역 확인을 받아야 한다. 일반적으로 특별한 법정 전염 선포지역으로의 여행을 제외하고는 출국 시 검역은 제외되고 있다.

〈그림 7-2〉 공항에서 해외 출국 절차

공항 도착	탑승 1시간 30분 전
↓	
탑승 수속	탑승권(boarding pass) 교부 및 수하물 탑재
↓	
보안 검사	휴대품 검사
↓	
세관 검사	고가품 및 귀중품
↓	
출국 심사	여권, 탑승권, 출입국 신고서 제출
↓	
비행기 탑승	

4.2 기내 반입 금지 품목

최근 각종 테러와 기내에서의 범죄 행위로부터 항공기의 안전한 운행을 담보하기 위하여, 기내로 반입 할 수 있는 품목에 대하여 제한을 두고 있다. 기내 반입 금지 품목 중에는 총기류나 폭발물은 물론 1회용 라이터나 손톱깍기, 구강 청정용 스프레이처럼 사소해 보이는 물품도 많이 포함이 되어 있다는 점에서 유의해야 한다. 그러나 기내 반입은 금지 되지만, 위탁 수하물로는 가능한 경우가 있다(〈표 7-2〉 참조). 따라서 의심되는 물품은 큰 가방에 넣어 위탁 수하물로 부치면 된다.

위탁 수하물이란 기내 객실과 분리된 화물 저장고로 옮겨지는 짐을 말하는 것으로 20kg 정도의 수하물은 무료로 붙일 수 있다.

〈표 7-2〉 기내 반입금지 품목

<table>
<tr><th rowspan="2">구분</th><th rowspan="2">세부품목</th><th colspan="2">반입가능여부</th></tr>
<tr><th>기내</th><th>수하물</th></tr>
<tr><td>끝이 뾰족한 무기 및 날카로운 물체</td><td>각종 칼 류, 5.5cm 이상의 날을 가진 가위, 도끼 등, 화살 및 다트(던지는 화살), 쇠 집게, 작살 및 창, 얼음 송곳, 면도칼과 칼날, 외과용 메스, 스키용폴, 등산용 폴, 드릴, 드릴 날, 박스 커터칼, 다용도 칼, 톱 류, 스크류 드라이버 류, 렌치/스패너, 끝이 뾰족한 우산</td><td>×</td><td>○</td></tr>
<tr><td rowspan="2">둔기</td><td>야구방망이 및 소프트볼 배트, 당구큐대, 곤봉, 낚시대, 골프채, 하기스틱, 릴레이용 바통(단단하거나 휘어지는 종류로 곤봉, 경찰봉, 야경봉 및 바통 등), 카약 및 카누 패들, 라코르스경기 스틱, 곤봉, 스케이트 보드, 볼링공, 아령</td><td>×</td><td>○</td></tr>
<tr><td>장애자, 노약자 등의 보행용 지팡이나 목발을 포함한 보조기구</td><td>○</td><td>○</td></tr>
<tr><td rowspan="3">소화기류, 권총류, 무기류</td><td>모든 총기류 및 탄환류, 소화기류의 부속품(망원장치제외), 격발식 활, 국궁, 양궁,작살 및 창 발사 총, 산업용 볼트 및 못 총, 신호기 화염총, 총기모양의 라이터, 복제품 및 모조품 소화기류, 기동장치 총, 충격장치(예-가축 찌르는 막대), 추진발사용 무기, 장난감 총기류, 채찍류, 모형실탄, 수갑
단, 위 물품 중 총포 · 도검 · 화약류 등 단속법에 해당하는 물품은 그 법에 의한 해외 반출 허가를 득한 것에 한하여 위탁수하물로 운송가능</td><td>×</td><td>○</td></tr>
<tr><td>범죄인 호송 등 공무 목적으로 기내에서 사용할 수갑</td><td>○</td><td>○</td></tr>
<tr><td>휴대용 라이터 1개 이하(단, 미국령을 운항하는 항공기에는 반입금지)</td><td>○</td><td>×</td></tr>
</table>

구분	세부품목	반입가능여부	
		기내	수하물
폭발물과 인화성 물질	모든 형태의 불꽃, 화염 및 기타 불꽃 제조품(파티 폭죽 및 장난감 캡 포함), 에어로졸, 딱 성냥, 공기가 주입된 풍선, 공기가 1/3 이상 주입된 축구공 등 스포츠용 공, 70도 이상의 알콜 음료, 스프레이 페인트, 탄약, 발파 캡, 뇌관 및 도화선, 폭발물 및 폭파장치, 인화성 액체 연료(예, 석유/가솔린, 디젤, 라이터용 액체, 알콜, 에탄올), 가스 및 가스용기(예, 부탄, 프로판, 아세틸렌, 산소), 수류탄류, 지뢰 및 기타 군사용 폭발물, 페인트, 신나	×	×

※ 출처 : 인천국제공항

4.3 비행기에서의 에티켓과 매너

해외여행 관광객 증가에 따라 그 수만큼 항공기를 이용하는 승객들의 항공기내 에티켓이 심각한 문제로 대두되고 있다. 개개인의 무질서한 행위는 물론 어린아이를 동반하는 가족단위 여행객의 경우 같은 항공기를 타고 가는 다른 승객들에게 불편과 불만족을 전가하는 경우가 종종 발생하고 있는데, 주의해야 할 에티켓과 매너를 소개하면 다음과 같다.

(1) 승객의 협조의무 준수

기내의 탑승객은 누구든 협조의무를 준수해야 하는데 이를 항공 안전 및 보안에 관한 법률 제23조에 규정하고 있다.

사례 **항공 안전 및 보안에 관한 법률 제23조**

제23조(승객의 협조의무) 벌칙규정

① 항공기 내에 있는 승객은 항공기와 승객의 안전한 운항과 여행을 위하여 다음 각 호의 어느 하나에 해당하는 행위를 하여서는 아니 된다.

1. 폭언, 고성방가 등 소란행위
2. 흡연(흡연구역에서의 흡연은 제외한다)
3. 술을 마시거나 약물을 복용하고 다른 사람에게 위해를 주는 행위
4. 다른 사람에게 성적(性的) 수치심을 일으키는 행위
5. 「항공법」 제61조의2를 위반하여 전자기기를 사용하는 행위
6. 기장의 승낙 없이 조종실 출입을 기도하는 행위
7. 기장등의 업무를 위계 또는 위력으로써 방해하는 행위

② 승객은 항공기의 보안이나 운항을 저해하는 폭행 · 협박 · 위계행위(危計行爲)를 하거나 출입문 · 탈출구 · 기기의 조작을 하여서는 아니 된다.

③ 승객은 항공기가 착륙한 후 항공기에서 내리지 아니하고 항공기를 점거하거나 항공기 내에서 농성하여서는 아니 된다.

④ 항공기 내의 승객은 항공기의 보안이나 운항을 저해하는 행위를 금지하는 기장등의 정당한 직무상 지시에 따라야 한다.

⑤ 항공운송사업자는 금연 등 항공기와 승객의 안전한 운항과 여행을 위한 규제로 인하여 승객이 받는 불편을 줄일 수 있는 방안을 마련하여야 한다.

⑥ 기장 등은 승객이 항공기 내에서 제1항제1호부터 제5호까지의 어느 하나에 해당하는 행위를 하거나 할 우려가 있는 경우 이를 중지하게 하거나 하지 말 것을 경고하여 사전에 방지하도록 노력하여야 한다.

⑦ 항공운송사업자는 다음 각 호의 어느 하나에 해당하는 사람에 대하여 탑승을 거절할 수 있다.

1. 제15조 또는 제17조에 따른 보안검색을 거부하는 사람
2. 음주로 인하여 소란행위를 하거나 할 우려가 있는 사람

3. 항공보안에 관한 업무를 담당하는 국내외 국가기관 또는 국제기구 등으로부터 항공기 안전운항을 해칠 우려가 있어 탑승을 거절할 것을 요청받거나 통보받은 사람
4. 그 밖에 항공기 안전운항을 해칠 우려가 있어 국토교통부령으로 정하는 사람

⑧ 누구든지 공항에서 보안검색 업무를 수행 중인 항공보안검색요원 또는 보호구역에의 출입을 통제하는 사람에 대하여 업무를 방해하는 행위 또는 폭행 등 신체에 위해를 주는 행위를 하여서는 아니 된다.

(2) 비행기 탑승 시 휴대전화는 에어플레인모드로 전환

비행기를 탑승하게 되면 전자기기 사용에 제한을 받게 된다. 비행과정 중에서 13분 정도를 차지하는 이착륙간(전 비행과정을 통틀어 가장 중요한 시간이다)에 전자기기 사용이 혹시 모르는 사고를 유발할 수도 있다는 이유 때문이다. 「항공법」 제61조의 2에는 "국토교통부장관은 운항 중인 항공기의 항행 및 통신장비에 대한 전자파 간섭 등의 영향을 방지하기 위하여 국토교통부령으로 정하는 바에 따라 여객이 지닌 전자기기의 사용을 제한할 수 있다."라고 규정하고 있다. 따라서 전자기기의 전원을 꺼두고, 휴대전화는 에어플레인모드로 전환을 해두어야 한다.

(3) 좌석을 양해할 경우

탑승 후 좌석이 파트너와 떨어져 있어 변경할 때에는 마음대로 옮기지 말고 일단 지정석에 앉은 후 승객이 모두 다 탈 때까지 기다렸다가 승무원에게 부탁하여 양해를 구하고 바꾼다.

(4) 안전벨트 착용

이 · 착륙 시 안전벨트 착용은 필수이며 좌석벨트를 매어 달라는 사인(fasten seat belt) 등이 꺼질 때까지 매고 있어야 한다.

(5) 좌석 및 통로 이용

좌석을 뒤로 눕힐 때는 뒷좌석의 승객에게 불편을 주지 않도록 주의하여 버튼을 누른 후 천천히 힘을 가한다. 통로에 다닐 때는 신발을 벗지 않아야 되며, 특히 식사도중에 화장실에 가거나 자주 돌아다녀 다른 승객을 불편하게 해서는 안 된다.

(6) 기내에서 음주 및 식사

기내에서 과음은 금물이다. 기내에서는 기압 차이로 인하여 보통 때보다 두세배 정도 빨리 취한다. 음식 종류별로 포장이나 뚜껑이 있는 기내식을 먹고 난 후에는 원래의 상태로 정리하여 놓아주는 것이 좋다. 또한 자신의 등 뒤에 뒷사람의 간이용 테이블이 있다는 사실을 잊어서는 안 된다. 기내식을 먹기 전에 등받이를 세워주어야 하며, 의자를 갑자기 뒤로 눕히지 않는다.

(7) 화장실 사용

기내 화장실을 사용할 때는 노크를 하지 않는다. 화장실이 사용 중일 때는 빨간 불에 글씨가 'occupied' 라고 적혀져 있고, 비어 있을 때는 녹색 불에 'vacant' 라고 적혀져 있다. 화장실은 남녀공용이므로 안에 들어가면 반드시 문을 걸다. 또한 화장실내에서는 금연이며, 이 · 착륙시에는 사용할 수 없고, 세면대를 사용한 후에는 다음 사람을 위해 물기를 화장지로 닦아 사용한 흔적을 없애는 것이 예의이다. 특히 여성의 경우 화장실에서 화장을 하면서 지나치게 오랜 시간 체류하지 않는다.

(8) 승무원을 부를 때

승무원을 부를 때는 좌석 팔걸이에 있는 승무원 호출용 버튼을 누른다. 그렇지 않으면 승무원이 지나갈 때 눈짓이나 가벼운 손짓으로 부르는 것이 매너이다.

(9) 출입국카드 작성

방문국에 도착하기 전에 기내에서 승무원들이 방문국의 출입국카드(E/D card)와 세관 신고서를 나누어주는데 영어로 작성한다. 잘 모르면 승무원에게 도움을 요청한다.

(10) 착륙 후 행동

안전을 위해 항공기가 완전히 정지할 때까지는 일어서거나 짐을 내리는 행동을 하지 않는다.

5 호텔 사용 에티켓과 매너

5.1 프런트

호텔의 프런트 데스크(front desk)는 숙박고객의 체크인과 체크아웃을 담당하는 곳으로서 크게 ❶ 고객의 등록(reception, registration) ❷ 안내(information) ❸ 계산(cashier)하는 업무로 구분되어 있다. 따라서 체크인을 할 때는 ‘Reception’ 또는 ‘Registration’ 이라는 곳으로 가야되고, 체크아웃을 하면서 계산을 할 때는 계산’ Cashier’ 라고 적힌 곳으로 가야한다. 만약 문의사항이나 우편물의 발송이 있다면 ‘Information’ 이라는 곳으로 가면된다. 특히 프런트를 이용할 때는 객실 내의 슬리퍼를 신고 오지 않는다.

5.2 객실과 욕실 사용

(1) 객실 사용

- 객실 문은 자동으로 잠기므로 외출시에는 반드시 키를 휴대한다.
- 카드 키가 아니면 프런트에 맡기고 외출하는 것이 좋다.
- 객실 내의 미니바를 사용하였을 때는 비치된 계산서에 표시하고 체크아웃 시 계산한다.
- 객실 내의 비품을 기념으로 가지고 가지 않는다.
- 객실 내에 비치된 슬리퍼는 객실용이므로 객실 내에서만 신는다.
- 객실 내에서 취사행위를 하지 않는다.
- 객실 내에서 고추장, 김치, 라면 등의 냄새를 풍겨 다른 고객에게 불쾌감을 주지 않도록 한다.
- 객실 내에서 밤늦게까지 술을 먹고 고성방가하지 않는다.
- 객실 내에서 문을 열어 놓고 화투놀이 등을 하지 않는다.
- 체크인 시간은 낮 12시 이후부터이며, 체크아웃은 익일 낮 12시 이전까지이다.

(2) 객실 내 전화사용

객실 내에 설치된 전화에는 0번~9번까지 각 번호마다 해당부서에 연결되는 단축 기능으로 되어 있으며, 각 번호에는 영어로 해당부서의 명이 표기되어 있다. 따라서 해당하는 번호가 어떤 용도인지 알고 걸어야 할 것이다. 일반적으로 0번은 교환이지만 나머지 번호는 각 호텔마다 다르게 지정되어 있다. 만약 객실 내에서 전화를 사용하였을 경우 체크아웃할 때 계산을 해야 한다.

〈표 7-3〉 객실 전화기의 영어표기

단축기능영어표기	용도
Operator	전화교환원, 모닝콜 등 부탁할 때
Front	프런트에 문의 사항이 있을 때
Room service	객실 내에서 식음료를 주문할 때
Duty desk	불평사항이나 긴급사항이 발생했을 때
Room to room	객실에서 다른 객실로 연결할 때(단축번호+객실번호)
Laundry	세탁물을 맡길 때
Housekeeping	객실 내 청소를 부탁할 때
Engineering	객실 내에 온 · 난방 등 고장이 발생했을 때
D.D.D	시내외 및 국제전화를 직접할 때

■단축전화번호 안내문

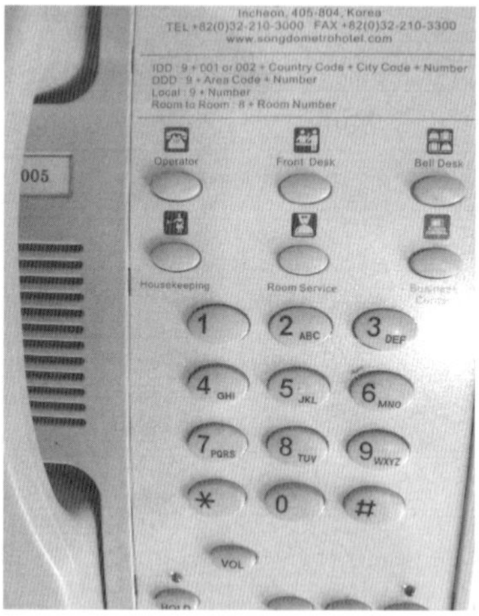

■단축번튼(전화번호 위쪽)

(3) 욕실사용

- 욕실에서 샤워를 할 때는 샤워커튼을 욕조 안에 넣고 샤워한다. 욕실 바닥에 물이 넘치게 되면 안전사고와 객실 내의 카펫이 젖는 등 낭패를 볼 수 있다.
- 욕실 내의 타월은 손수건, 얼굴수건, 발수건, 배스 타월(bath towel)이 있는데 용도에 맞게 사용한다.

〈그림 7-3〉 욕조와 커튼

〈표 7-4〉 타월의 종류와 용도

종류	사이즈	비치된 곳
손수건(wash towel)	30×30cm	세면대 주위
얼굴수건(face towel)	80×36cm	문 혹은 벽에 부착된 걸이
발수건(foot towel)	80×50cm	욕조에 걸쳐놓음
배스 타월(bath towel)	120×65cm	욕실 내 선반

〈그림 7-4〉 욕실 내 타월의 위치

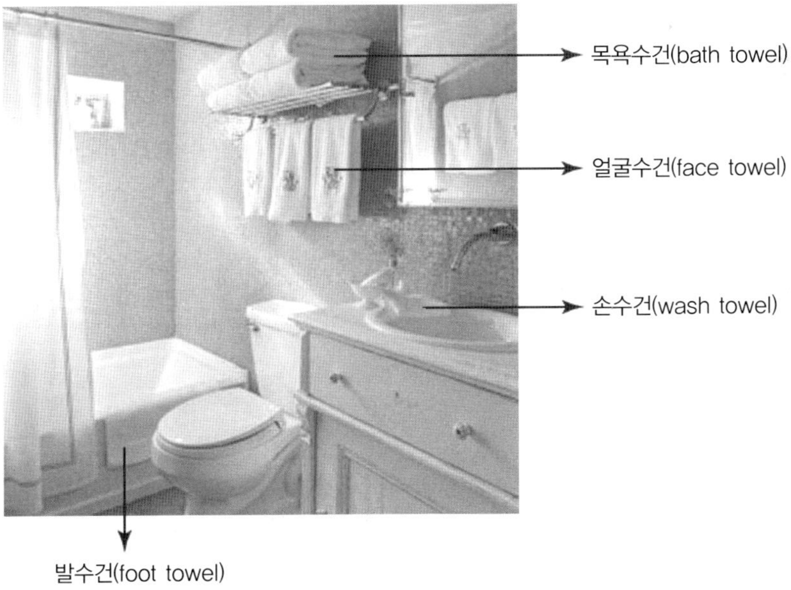

(4) 도어 늡 카드(door knob card) 사용

객실 문 안쪽 손잡이에 걸려있는 도어 늡 카드(door knob card)를 적절하게 사용한다. 즉 외출시 청소를 원할 경우 'Please make up room(객실을 청소해 주세요)' 로 된 면을 문밖의 손잡이에 걸어놓고 나간다. 아침에 미니바 체크와 방청소를 위하여 호텔 직원인 룸 메이드(room mid)가 노크하는 경우가 있는데, 늦잠을 자고자 할 때는 사전에 문밖의 손잡이에 'Do not disturb(방해하지 마세요)' 로 된 면을 문밖에 걸어 놓고 잔다.

〈그림 7-5〉 도어 늡 카드(door knob card)

뒷면 : 'Do not disturb'

앞면 : 'Please make up room'

6 팁 매너

6.1 팁의 의의

팁(tip)은 17세기 영국의 도적들이 쓴 은어 '뭔가 건네준다' 는 'stipend' 가 어원이다. 18세기 영국의 한 찻집에서 '신속한 서비스를 위해서 ' To Insure

Promptness' 라고 써 붙인 그릇을 탁자 위에 놓고 동전을 모았다. 이 말이 줄어 팁이 되었다고 한다. 과거 서양에서도 팁에 대한 시비가 많았다. 미국은 한때 팁을 금지했다가 1919년 '팁 금지는 위헌' 이라는 판결로 되살아났다.

팁은 제공받는 서비스에 대한 답례인데 우리나라 관광호텔의 경우 과거 팁에 의존한 서비스로 인하여 문제가 발생하자 1979년부터 아예 요금에 10%의 봉사료를 청구하도록 법제화하였다. 팁 관행은 각 나라마다 다르지만 서양에서는 일상화되어 있는데, 경험이 없는 우리나라 사람들은 해외에 나가서 당황하거나 실수를 하는 경우가 많다.

6.2 팁의 관행

- 호텔에서 벨맨이 가방을 들어줄 경우 1~2달러(미화기준)를 준다.
- 객실사용 후 청소를 하는 룸메이드(room maid)에 대한 배려로 침대 위에 1~2달러(미화기준)를 준다.
- 호텔 도어맨(door man)이 택시를 불러주면 1달러(미화기준)를 준다.
- 택시를 탔을 때는 요금의 15% 정도를 준다.
- 레스토랑 이용시 청구서에 서비스차지(service charge)가 포함되어 있으면 별도의 팁을 줄 필요는 없으나 잔돈 정도는 테이블에 놓고 가는 것이 관행이다.
- 만약 청구서에 서비스차지가 없다면 고급 레스토랑(테이블 클로스가 덮여져 있는 곳)은 청구 금액의 15% 정도를 주고, 캐주얼 레스토랑의 경우 청구 금액의 10% 정도 준다.
- 셀프 서비스 레스토랑일 경우 팁을 줄 필요가 없다.
- 테이블에 와서 음악을 연주해 주면 5달러 정도 준다.

〈표 7-5〉 세계 주요 국가의 팁 관행

국별	호텔 레스토랑	택시
프랑스	계산서에 청구되나 거스럼돈 추가	15%
독일	계산서에 청구되나 거스럼돈 추가	10%
이탈리아	계산서에 추가되나 5~10% 추가	10%
스페인	계산서에 추가되나 5~10% 추가	15%
스위스	계산서에 추가되나 5~10% 추가	15%
영국	계산서에 청구되지 않으면 10~15%	10~15%
미국	계산서에 청구되지 않으면 15~20%	15%
캐나다	15%	10%
홍콩	계산서에 청구되지 않으면 15%	10%
말레이시아	계산서에 10% 청구됨	10%(임의)
필리핀	계산서에 10% 청구됨	없음
싱가포르	공식적으로 No Tipping	없음
태국	계산서에 10% 청구됨	없음
대만	계산서에 10% 청구됨	없음
일본	계산서에 청구	임의
인도네시아	10~15%	10~15%
중국	공식적으로 No Tipping	임의
인도	계산서 청구외 손님 임의 추가	없음
호주	계산서 청구외 손님 임의 추가	10%
뉴질랜드	일반적으로 No Tipping	임의
브라질	계산서에 10% 청구됨	10%
멕시코	15%	임의

6.3 팁 지불의 방법

- 팁을 줄 때는 감사하는 마음과 밝은 표정으로 건넨다.
- 지폐를 줄 때는 적당한 크기로 접고, 돈이 가능한 보이지 않도록 손등을 위로 향하여 건넨다.

- 테이블에서 팁을 놓을 때는 계산서나 접시 밑에 놓아둔다.
- 객실 사용 후 팁을 줄 때는 룸메이드에게 직접 전달하지 말고 배게 위나 주변에 놓는다.

〈그림 7-6〉 팁을 주는 매너

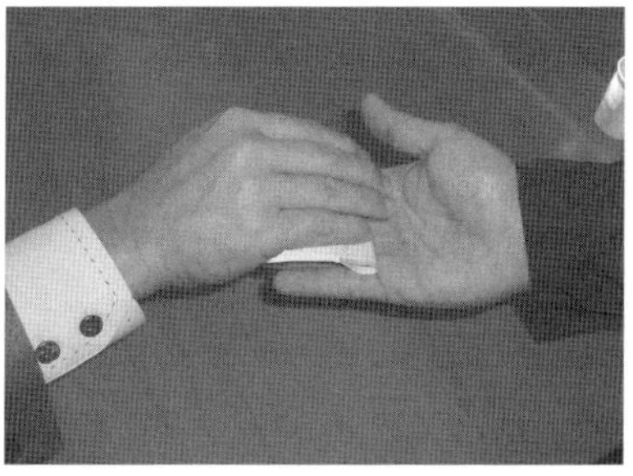

○

×

7 쇼핑 에티켓과 매너

7.1 쇼핑의 의의

해외여행 중에 쇼핑은 여행의 즐거움을 배가시키는 한 요소이다. 쇼핑은 그 지역에서 판매되는 특산물과 면세품을 구입할 수 있는 기회로 사전에 계획을 수립하도록 한다. 그 지역이 아니면 구입할 수 없는 토산품은 여행의 기념품으로서 가장 적합하다. 면세품은 출국 시 공항면세점, 입국 시는 기내 면세품을 이용한다.

그리고 상품을 고를 때는 직접 만져보지 말고 보여주도록 청한다. 또한 나라마다 물건 값 흥정이 있을 수도 있고 없을 수도 있는데 동남아, 중국, 남미, 유럽 등에서는 일류 백화점이나 면세점이 아니면 물건 값을 깎아도 무방하나 미국이나 서유럽에서는 물건 값을 깎는 것이 실례가 된다는 사실을 알아두어야 한다.

7.2 쇼핑 에티켓과 매너의 실제

- 특정 상품을 보여 달라고 한 다음에 다른 곳에 한눈을 팔거나 가버리지 않는다.
- 상점에 대해서 어떤 불평이나 조언을 하고 싶을 때에는 종업원에게 하지 말고 지배인을 불러서 말한다.
- 단체 관광 시 필요하지도 않은 물건을 집단적으로 충동 구매하지 않는다.
- 백화점 · 면세점 등과 같이 정찰제 상점에서 값을 깎아달라고 요구하지 않는다.
- 쇼핑할 때 불필요하게 지갑에서 고액권을 내보이는 행위는 하지 않는다.
- 국내 반입이 제한된 물품을 구입하지 않는다.

7.3 반출입금지 및 면세품목

(1) 반출입금지 품목

음란물, 화폐 · 채권 기타 유가증권의 위조품 · 변조품 또는 모조품 등은 반출입이 금지되어 있다. 총기, 마약, 멸종위기의 야생동식물보호에 관한 국제협약(CITES)에서 규정한 동식물 및 이들의 제품 등 반출입제한물품은 세금납부와 관계없이 통관에 필요한 제반요건을 구비해야 통관이 가능하다.

(2) 면세품목

1인당 총 면세 한도는 US 400달러이며, 400달러를 초과하지 않더라도 주류, 담배, 향수는 지정된 수량만 허용된다.

- 주류 : 1리터 이내 1병

- 담배 : 1보루(10갑)
- 향수 : 2온스

8 사고대처 요령

8.1 여권 및 항공권 분실

(1) 여권 분실

먼저 가까운 경찰서에서 POLICE REPORT(분실증명 확인서)를 받는다. 그리고 현지 공관(한국 영사관)에 가서 다음과 같은 서류를 발급 받는다.

- 사진
- 여권 분실증명서
- 여권번호와 발행 년/월/ 일
- 여행증명서(travel certificate)
- 입국 증명서(입국 증명이 되지 않으면 출국할 수 없는 경우가 있음)

여행증명서로는 다음 여행이 불가능하며, 바로 귀국한다. 계속 여행할 시는 경유지 란에 다음 목적지를 명기해 계속 여행할 수 있도록 한다. 이 경우 다음 여행국의 비자 관련 사항도 확인하여 비자가 필요할 시는 현지에서 다음 여행국의 비자를 받을 수 있도록 한다.

(2) 항공권 분실

해당 항공사의 현지 사무실로 가서 항공권 분실에 대한 'Lost Ticket Reissue' 를 신청해야 하며, 이때 항공사는 항공권 발권지인 서울 사무실로 전문을 보내 'Reissue Authorization' 을 현지에서 받게 된다. 이때 항공권 번호, 발권 연월일, 구간 등의 사항과 발권 사실을 확인한다. 소요되는 시간은 약 1주일 정도 소요된다.

현지에서 항공권을 새로 구입하는 방법도 있으며, 귀국 후에 분실 항공권에 대한 발급확인서를 받고 새로 구입한 항공권의 승객용 티켓과 신분증을 가지고 해당 항공사(본사)에 가면 현금으로 환불 받을 수 있다. 이때 소요되는 기간은 약 3개월 정도이다.

8.2 여행자수표 및 수하물 분실

(1) 여행자수표 분실

현지 여행자 수표 발행처에 전화하여 분실신고를 하고 절차를 알아보며, 분실 증명 확인서(Police Report)가 필요한 경우에는 현지 경찰서에 신고하여 받도록 한다. 대개의 경우 'REFUND CLAIM' 사무소가 각 나라별로 한 도시에 일원화되어 있다. 대개의 경우 분실 경위 · 장소 · 수표번호 등을 정확히 신고하고 나서 24시간 후에 희망 지역의 은행 또는 수표 발행처에서 재발급 받을 수 있다.

수표에는 반드시 여행자의 서명이 돼 있어야 하며, 정확한 수표 번호를 알고 있어야 하므로 여행자 수표 지참 시에는 반드시 서명과 수표 번호를 별도로 기재하여 지참하여야 한다.

(2) 수하물 분실

공항에서 'BAGGAGE CLAIM' 이라고 쓰여 있는 수하물 분실신고소에 가서 신고한다. 신고시에는 가방의 형태, 크기, 색상 등을 자세히 알려 주어야 한다. 짐을 붙이고 나서 받았던 Baggage Claim Tag(짐표, 화물보관증서)을 제시한다.

화물을 반환 받을 투숙 호텔이나 연락처를 기재하며, 다음 여정이 있는 경우에는 여행일정을 알려주고 분실증명서를 받아 화물을 찾지 못했을 경우 보상받기 위해 대비를 해야 한다. 화물을 찾지 못했을 경우에는 화물 운송협약에 의해 보상을 받을 수 있으며, 여행자 보험에 가입했을 경우에는 항공사에서 발행한 분실증명서를 근거로 보상을 받을 수 있다.

8.3 항공기의 지연 또는 파업

항공사 측의 사정으로 인하여 출발이 지연되었을 경우 항공사 측에 클레임(claim)을 하면 항공사가 차량, 호텔, 식사, 관광 등을 제공하기로 되어 있다. 파업의 경우 다음 편 연결까지 필요한 서비스 제공한다. 다음 여정에 지장이 있을 경우에는 타 항공편으로의 엔도스(endorse)를 받는다.

8.4 교통 및 절도사고

(1) 교통사고

여행사의 인솔자(T/C : Tour conductor)가 현장에 있었을 경우는 구급차를 불러서 동승하고 병원으로 이동한 다음 고 경찰에 연락하여 입회하에 가해자의 주소, 성명 등을 기록해 준다. T/C가 현장에 없었을 경우는 통보자로부터 사고내용을 상세히 듣고, 피해자가 있는 장소(병원, 경찰서)로 가서 경찰서에 피해자의 성명, 사고발생 장소, 사고내용 등을 보고 한다.

그리고 주재원 또는 재외공관, 호텔, 현지여행사, 병원 관계자에게 연락하여 사후조치에 대한 협조를 의뢰를 한다. 또한 T/C는 회사 측에 연락하여 지시를 받고, 전화 등으로 상황을 상세히 설명하며, 피해자 가족에게 연락을 의뢰한다. 가해자와의 교섭을 대사관원을 중재로 하여 경찰서에서 하고, 보상 등은 후유증 등의 관계로 결론을 내리지 않는다. 상대방에게 사고를 일으킨 것을 인정하는 문서를 쓰게 한다.

(2) 절도사고

절도를 당한 즉시 가장 가까운 경찰서로 가서 반드시 폴리스 리포트(police report)를 받도록 한다. 폴리스 리포트는 물건을 도난당한 본인이 직접 경찰서로 가서 분실한 여행객 인원수대로 각각 별도로 작성하여야 한다. 이는 보험으로 처리될 수 있는 휴대품 분실에 대한 보상 한도액이 최대 개당 20만원이기 때문에 가족, 일행이 모두 도난을 당한 경우이고, 도난품이 50만원 이상일 때는 반드시 나누어 보고해야만 피해액에 근접한 보상을 받을 수 있다.

경찰서에서 신분증 확인을 하므로 여권까지 분실한 경우는 본국에서 여권 COPY를 수령해야 한다. 보험 처리를 위한 서류는 다음과 같다.

- POLICE REPORT
- 손상품 수리 견적서(영수증 포함)
- 여권 COPY
- 본인 통장 사본 및 인적사항

보험처리시 주의할 점은 휴대품의 경우 여행객이 영수증을 보험 증빙 서류로 첨부할 수 없는 경우가 대부분이므로(영수증 미보관) 도난품의 품명 및 모델넘버 등을 기재하는데, 보험처리시 보험사 직원이 이를 직접 확인하므로 정확한 기재가 필요하다. 그리고 현금, 수표, 항공권 등의 유가증권(법적으로 항공권은 유가증권에 해당되지 않음)은 보험처리가 전혀 되지 않는다.

8.5 여행 중 질병

우선 병원에 가서 또는 의사를 불러서 진료 및 치료를 받도록 한다. 결재는 카드로 처리하는 것이 좋으며, 보험 처리를 위해 의사 소견서 및 치료비 영수증을 수령하여 귀국 후 보험 처리하도록 한다.

여행 중 입은 상해의 경우는 치료비 한도가 3백만 원으로(사망 시 최고 보상한도 5천만 원 가입 시) 귀국 후 보상비를 지급받으므로 현지에서 발생한 치료비용은 본인이 지불해야 하며, 귀국 후 보험이 처리된 다음 본인 소유의 통장 계좌로 직접 송금된다. 보험처리를 위해 보험사에 제출해야 하는 서류는 다음과 같다.

- 의사 소견서
- 치료비 영수증
- 치료비 명세서(또는 치료비 명세가 적힌 영수증)
- 본인의 통장 사본과 인적 사항(주소, 전화번호, 주민등록번호)

〈표 7-6〉 질병에 관한 간단한 회화

국어	영어
의사를 불러 주십시오.	Please call a doctor.
열이 있습니다.	I have a fever.
한기가 납니다.	I have chills.
두통이 있습니다.	I have a headache.
복통이 납니다.	I have a stomachache.
설사를 했습니다.	I have diarrhea.
시름시름 아픕니다.	I have cramp.
쿡쿡 찌르듯이 아픕니다.	I have a sharp pain.
불쾌감을 느낍니다.	I am not feeling well.
조금 좋아졌습니다.	I feel a little better.
훨씬 좋아졌습니다.	I feel much better.
어디가 잘못되었나요?	what' s wrong with me?
여행을 계속해도 되겠습니까?	Is it OK for me to continue my journey?
비행기를 타고 지장이 없겠습니까?	Is it OK for me to fly?
언제까지 누워 있어야 합니까?	How long will I have to stay in bed

제8장

테이블 매너

제8장

테이블 매너

1 테이블 매너의 의의

식사예절이라고 표현되는 테이블 매너(table manner)는 서양에서 형식을 중시하던 19세기 영국의 빅토리아 여왕 때 기초가 되었다. 테이블 매너는 어렵고, 딱딱하고, 요리의 맛을 가시게 하는 것으로 인식하기 쉽다. 그러나 테이블 매너는 예의를 갖추는 식사법으로서 타인에게 실례가 되지 않도록 하고, 서로의 안전과 즐거운 식사를 위해서 필요한 것이다.

오늘날 국제화시대에는 국내외에서 양식을 접하거나 외국인과 비즈니스상에서 같이 식사를 하게 될 경우가 있을 것이다. 그때 자신감을 가지고 세련되게 식사를 할 수 있는 매너가 요구된다.

2 식사 전의 매너

2.1 식사 전 매너의 실제

즐거운 식사를 위해서는 레스토랑에 가기 전에 사전 예약을 하는 것이 좋다. 레스토랑 갈 때의 복장은 가능한 정장이 좋으며, 세미 정장도 무난하다고 할 수 있다. 단, 운동복장으로 가지 않는다. 구체적인 식사 전 매너의 실제는 다음과 같다.

- 레스토랑에 들어서면 리셉셔니스트(receptionist)나 웨이터(waiter)의 안내로 테이블에 가서 앉는 것이 좋다. 이러한 관행을 무시하고 아무 자리에 가서 앉는 것은 매너가 아니다.
- 좌석에 앉을 때는 서열을 생각하여 앉아야 하는데 상석은 그 날의 주빈이 앉는 것으로 대개 안내자가 상석의 의자를 빼주게 되어 있으며, 남성은 여성이 착석한 다음에 앉는 것이 예의이다.
- 착석시 테이블과의 간격은 30cm 정도가 알맞으며, 자세는 등을 곧게 펴고, 의자 깊숙이 편안하게 앉는다.
- 여성의 핸드백은 등과 의자 사이에 놓는다.
- 냅킨은 모두 좌석에 앉은 다음 무릎 위에 펼친다.
- 메뉴는 천천히 보는 것이다.
- 메뉴를 보고 나서 웨이터를 부를 때는 손가락이나 손바닥으로 소리를 내어 신호하거나 일어서서 소리를 내거나 냅킨을 흔들어서는 안 된다. 웨이터는 항상 테이블을 주시하고 있으므로 가볍게 손가락을 세워들면 된다.
- 주문을 할 때는 옆 테이블이나 다른 사람이 먹고 있는 것을 손으로 가리켜서 주문해서는 안 되고, 그 레스토랑에서 가장 비싼 요리나 가장 싼 요리는 되도록 주문하지 않는다.
- 메뉴주문은 가능한 남성이 하고, 남성은 여성의 메뉴결정을 도와주도록 한다.

• 웨이터가 물을 따라주면 글라스를 들지 않는다.
• 물을 마시고 난 후에 글라스는 원래의 자리에 놓아둔다.
• 잔에 물의 양이 줄면 웨이터가 자동적으로 리필을 해준다.

2.2 식사 전 술을 들 때

식사 전 술은 식욕을 돋구어 식사를 맛있게 하기 위한 준비운동이다. 따라서 식전주를 지나치게 많이 마시지 않는다. 식전주(aperitif)의 맛은 드라이(dry)한 것으로 캄파리(campari)에 소다(soda)나 오렌지 주스를 타서 먹는 것과 쉐리와인(sherry wine)을 주문하면 무난하다. 또한 여성에게는 맨하탄, 남성에게는 마티니가 좋으며, 맥주를 선택해도 좋다. 식사와 함께 술을 곁들일 때는 가능한 와인을 주문한다.

3 양식 풀코스의 순서와 세팅

3.1 양식 풀코스의 순서

양식의 풀코스(full course)란 음식의 코스가 세트화되어 있는 것을 말한다. 과거 양식의 코스는 15가지 이상도 있었으나 현대에 와서는 식사시간을 고려하여 6~9가지 코스 등으로 약식화 및 세트화되어 있다.

〈표 8-1〉 양식의 풀코스 순서

순서	6코스	8코스	9코스
전채(appetizer)	○	○	○
수프(soup)	○	○	○
생선(fish)		○	○

순서	6코스	8코스	9코스
셔벳(sherbet)		○	○
육류(meat)	○	○	○
샐러드(salad)	○	○	○
후식(dessert)	○	○	○
식후음료(coffee or tea)	○	○	○
식후과자(praline)			○

※ 샐러드는 육류 앞에 제공되기도 한다.

3.2 양식의 세팅

양식의 풀코스 경우 테이블 세팅은 사전에 완성되어 있다. 음식의 순서대로 그에 해당하는 기물(나이프, 포크, 스푼)을 사용해야 하는데, 일반적으로 바깥쪽 기물부터 안쪽으로 사용한다.

〈그림 8-1〉 양식 풀코스의 세팅

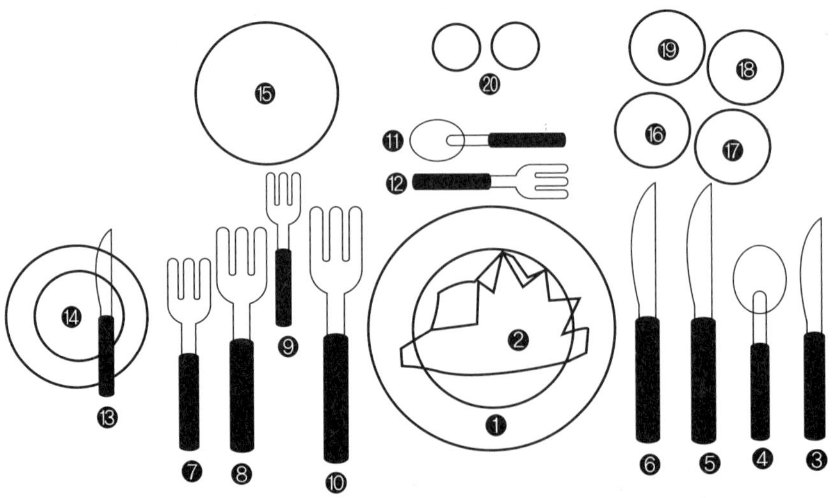

❶ 쇼 플레이트 ❷ 냅킨 ❸ 에피타이저 나이프 ❹ 수프 스푼 ❺ 생선 나이프 ❻ 스테이크 나이프 ❼ 에피타이저 포크 ❽ 생선포크 ❾ 샐러드 포크 ❿ 스테이크 포크 ⓫ 디저트 스푼 ⓬ 디저트 포크 ⓭ 버터 나이프 ⓮ 빵 플레이트 ⓯ 버터 볼 ⓰ 물 잔 ⓱ 화이트 와인 잔 ⓲ 레드 와인 잔 ⓳ 샴페인 잔 ⓴ 소금과 후추

4 식사 중 매너

4.1 식사 중 매너의 일반

- 식사가 시작되면 냅킨을 무릎 위에 가지런히 놓는다.
- 냅킨은 무릎에 덮는 것이지 목에 거는 것은 아니며, 행주나 손수건으로 간주해서는 안 된다.
- 식사 중에는 머리카락을 만져서는 안 되고, 다리를 포개는 행위는 좋지 않다.
- 왼팔을 탁자위에 놓고 기대지 않아야 한다.
- 무릎 위에 왼팔을 놓는 것이 원칙이나, 팔목을 살짝 테이블 모서리에 대는 것은 무방하다.
- 나이프나 포크는 세팅된 상태에서 바깥쪽부터 차례로 사용한다.
- 주빈(host)이 식사하기 전에는 먼저 식사를 시작해서는 안 된다.
- 떨어진 나이프나 포크는 줍지 않고, 웨이터에게 교체를 원한다.
- 손에 쥔 나이프나 포크를 세워서는 안 된다.
- 첫 음식이 제공 될 때 이를 거절해서는 안 되며, 설령 그 음식이 싫어하는 것이라도 조금 먹어야 한다. 단, 두 번째 음식부터는 사양을 해도 결례가 되지 않는다.
- 음식물은 너무 크게 베어 먹어서는 안 되며, 음식을 먹을 때는 입을 다문 채 소리를 내지 않고 조용히 씹어 먹어야 한다.
- 음식물을 입안에 넣은 채 대화를 하거나 음료수를 마셔서는 안 되며, 또한 상대방이 음식을 먹고 있을 때 유도해서는 안 된다.
- 음식을 칼로 다 잘라 놓지 않고, 한 조각씩 잘라먹는 것이 옳다.
- 앉아 있는 곳에서 멀리 있는 것들(소금, 후추 등)은 팔을 뻗치지 말고, 옆에 앉은 사람에게 집어달라고 부탁한다.

- 식사를 하면서 대화를 할 때는 몸을 약간 앞으로 숙인 듯이 하고 양손은 가볍게 주먹을 쥐고 접시의 양옆으로 올린다.
- 식기를 움직이지 않는다. 식사가 끝났다고 식기를 포개어 놓거나 한쪽으로 치우지 않는다.

4.2 전채(appetizer)를 먹을 때

(1) 전채의 의의

전채요리를 불어로는 오드볼(hors d'oeuvre), 영어로는 에피타이저(appetizer)라도 한다. 에피타이저는 수프 전에 제공되어 식욕을 촉진시켜주고 공복을 달래주는 역할을 하므로 주 요리의 맛을 손상시키지 않는 범위 내에서 식욕을 돋우는 차원에서 먹는 것이다.

(2) 전채요리 먹는 방법

- 요리가 놓여 지면 곧 먹는다.
- 식전요리이므로 너무 많이 먹지 않는다.
- 샐러리, 카나페는 손으로 먹는 것이 오히려 보기가 좋다.
- 훈제연어(smoked salmon)를 먹을 때는 얇게 썬 연어 위에 레몬즙을 뿌리고, 그 위에 링이나 조각으로 썬 양파, 소스, 케이퍼, 캐비어를 올린 다음 나이프와 포크 로 쌈을 싸듯이 말아 한 입 크기로 썰어서 먹는다.

4.3 수프(soup)와 빵을 먹을 때

(1) 수프의 의의

수프는 양식의 코스에 있어서 실질적으로 첫 번째 해당하는 음식으로서 위에 부담을 적게 주는 음식이다. 양식 중에서도 수프를 먹는 것이 가장 어렵다고 한다.

(2) 수프(soup)를 먹는 방법

- 수프의 스푼은 펜을 쥐듯이 쥐고, 바깥쪽을 향하여 음식물을 뜬다.
- 수프는 마시는 것이 아니고, 먹는 것이며, 소리를 내지 않는다.
- 수프의 맛도 보기 전에 소금이나 후추를 넣는 것은 실례이다.
- 손잡이가 딸린 수프 컵은 들어서 마셔도 좋다.
- 수프를 다 먹은 후 스푼은 스프 볼에 꽂아 놓지 말고 받침(underlay)에 놓는다.
- 수프를 남기고 싶을 때는 스푼을 접시 안에 뒤집어 놓는다

(3) 빵을 먹는 방법

- 빵은 수프를 먹고 난 다음부터 메인코스까지만 먹는다.
- 빵을 먹을 때 나이프나 포크를 사용해서는 안 된다.
- 빵은 입으로 베어 먹지 말고 한입에 넣을 만큼 손으로 떼어 먹는다.
- 버터와 잼을 바를 때는 버터나이프를 사용한다.
- 한꺼번에 여러 조각으로 찢어 놓지 않는다.
- 왼쪽에 놓인 빵이 자기의 것이다.
- 빵은 메인코스가 끝나면 모두 치워버리므로 식후 커피와 빵을 먹기 위하여 남겨 놓을 필요가 없다.

4.4 생선과 육류 요리를 먹을 때

(1) 생선과 육류요리의 의의

생선요리는 수프 다음에 제공되는 코스 음식에 해당되나 육류를 대신한 주요리의 역할도 한다. 생선요리는 지방성분이 적고 비타민과 칼슘이 매우 풍부하므로 많은 사람들이 건강식으로 즐겨 찾을 뿐만 아니라 여성들도 즐겨 찾으며 종교적인 이유로 육류 대신 선택하기도 한다. 양식의 주요리(main dish)를

불어로는 앙뜨레(entree)라고 하는데, 쇠고기, 송아지고기, 양고기, 돼지고기, 가금류 등의 육류로 구성되어 있다. 육류에는 소스를 곁들이게 되는데, 소스는 사용 시 음식의 맛을 압도할 정도로 농후해서는 안 되고, 소스의 양은 음식의 양보다 적어야 한다.

(2) 생선과 육류 요리를 먹는 방법

- 생선과 육류는 둘 다 메인 요리이므로 하나만 둘 중에 하나만 주문하여도 무방하다.
- 생선은 뒤집어서 먹지 않는다.
- 생선요리에는 레몬이 곁들여지는데 레몬즙을 내어 생선 위에 골고루 뿌린다. 생선의 비린내와 튀긴 기름의 맛을 제거할 수 있다.
- 왕새우요리는 살 전체가 껍질에서 꺼내 놓고 먹는다.
- 소스가 나올 때까지 요리에 손을 대지 않는다.
- 육류는 너무 굽지 않도록 주문하는 것이 통례이다.
- 스테이크는 왼쪽부터 세로 방향으로 자르며, 접시의 먼 쪽에서부터 안 쪽으로 자른다.
- 나이프를 잡고 스테이크를 자를 때는 나이프와 손가락이 일직선이 되게 하고 오른손 엄지손가락이 나이프의 중앙에 올라오게 한다.
- 접시에 남아 있는 소스를 빵조각으로 깨끗하게 닦아 먹어도 매너에 어긋나지 않는다.
- 오른손에는 나이프, 왼손에는 포크를 이용해 음식을 먹어야 하나 왼손 사용이 불편할 때는 오른손으로 포크를 잡고 음식을 먹어도 무방하다.
- 포크로 음식을 찍어 먹을 때는 포크의 뒷면(구부러진 쪽)이 위로 향하여 먹는다.
- 식사 중일 때, 식사가 끝났을 때의 나이프와 포크의 위치는 다음과 같다.

〈그림 8-2〉 식사 중일 때와 끝났을 때의 나이프와 포크 위치

■ 식사 중일 때 ■ 식사가 끝났을 때

- 스테이크와 함께 제공되는 감자(baked potato)는 껍질을 함께 먹으면 가슴의 답답함을 방지할 수 있다.
- 스파게티는 포크로 감아서 먹는다.
- 음식을 먹는 도중에 입가를 닦아야 할 경우는 냅킨을 양손으로 살짝 안쪽으로 접어 잡고 입가를 닦은 후 오염물이 묻은 부분을 보이지 않게 한다.

〈표 8-2〉 스테이크의 굽기 정도

굽기 정도	조리 시간	특징
레어(rare)	2~3분	자르면 붉은 육즙이 흐르는 정도
미디엄 레어(medium rare)	3~4분	레어와 미디엄의 중간 정도
미디엄(medium)	5~6분	자르면 육즙은 흐르지 않지만 속은 붉은 상태
미디엄 웰던(medium well done)	8~9분	미디엄과 웰던의 중간 정도
웰던(well done)	10~12분	속까지 완전히 익은 상태

4.5 샐러드(salad)를 먹을 때

(1) 샐러드의 의의

샐러드는 앙뜨레 전후에 제공되는데, 결국 산성인 육류를 전후해서 알칼리성인 샐러드를 섭취함으로써 영양의 균형을 도모하는 것이다. 샐러드에는 반드시 드레싱(dressing)을 곁들이는데 샐러드의 소스를 드레싱(dressing)이라고 한다. 미국에서는 드레싱이란 표현을 쓰지만 유럽에서는 그냥 소스라고 한다.

(2) 샐러드 먹는 방법

- 포크로 찍어 먹기 어려운 콩은 Fork로 눌러 으깨어 먹는다.
- 외국인은 밥을 야채로 간주한다.
- 샐러드는 포크로만 먹어도 무방하다.
- 큰 잎은 포크 끝으로 끼우고 한 바퀴 돌려 만 다음 마지막 부분을 포크 끝으로 찍어 고정시켜 먹는다.
- 구운 감자의 껍질을 먹어도 된다.

4.6 디저트와 커피

(1) 디저트의 의의

디저트(dessert)의 어원은 불어 드세뷔르(desservir)에서 유래되었는데 '치우다', '정돈하다' 라는 뜻이다. 오늘날에도 디저트를 서비스할 때는 테이블 위에 모든 기물을 제거하고 깨끗하게 정돈한 후 제공한다. 디저트의 목적은 식사가 끝난 후에 입안을 개운하게 하는 것이다.

(2) 디저트와 커피를 마시는 방법

- 물기가 많은 과일은 스푼으로 떠먹는다.
- 포도의 씨나 껍질은 손안에 뱉은 후 접시에 놓는다.

• 핑거볼 사용 시는 손가락을 한쪽씩 씻는다.
• 아이리시 커피는 식후 술의 대용도 된다.
• 커피를 마실 때는 컵에 스푼을 넣어 두거나 컵받침을 들어 올려서는 안 된다.
• 커피 컵은 손가락을 끼우지 않고 손잡이를 쥐는 것이다.
• 뜨거운 커피는 어느 정도 식을 때까지 기다린다.
• 커피 스푼으로 커피를 떠 마시지 않는다.
• 커피 스푼을 컵에 세워두지 않는다.
• 찻잔을 들어 올리는 것처럼 두 손으로 컵을 감싸고 마시지 않는다.

〈그림 8-3〉 커피 잔 쥐는 방법

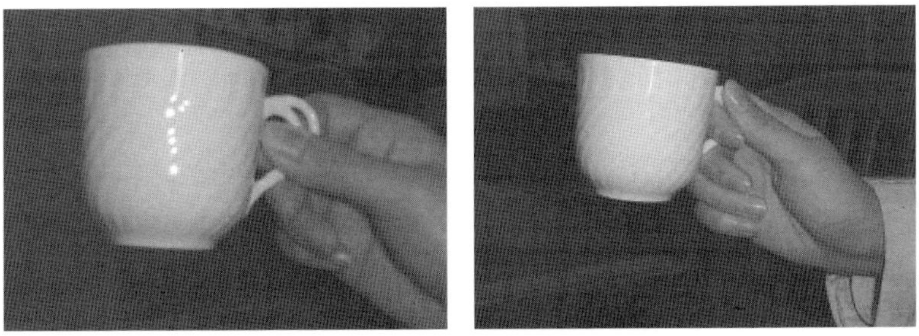

○ ×

4.7 식사 후 매너

(1) 식사 후 매너의 의의

매너가 좋은 사람은 식사 후의 테이블 매너도 좋다. 식사가 끝났다고 테이블 매너가 끝난 것이 아니다. 식사 후의 행동에서도 좋은 매너를 보여주어 함께 했던 식사가 더욱 빛이 나도록 해야 할 것이다.

(2) 식사 후 매너의 실제

• 담배는 디저트가 끝난 후에 피운다.
• 트림은 가장 큰 실례로 금기이다.

• 남성은 여성보다 먼저 식사를 끝내지 않는다.
• 테이블에서 이쑤시개를 사용하거나, 물로 입을 가시는 행동은 하지 않는다.
• 레스토랑에서 계산은 웨이터를 불러 테이블에서 하는 것이 상례이다.
• 자리를 뜰 때는 냅킨을 테이블 위에 가지런히 놓고 일어선다.
• 계산은 가능한 남성이 한다. 여성이 지불하고자 할 때는 카드 또는 현금을 보이지 않게 남성에게 전달한다.
• 출구로 나갈 때는 레스토랑 중앙보다는 벽 쪽으로 나간다.

4.8 뷔페

(1) 뷔페의 의의

뷔페는 풀코스의 음식을 종류별로 다양하게 차린 음식을 말한다. 뷔페는 서비스를 받는 것이 아니라 셀프로 갖다 먹는 것이다. 따라서 격식을 갖추는 모임이나 비즈니스 접대에서는 뷔페 레스토랑으로 초대하는 것은 좋지 않다.

뷔페는 시팅 뷔페(seating buffet)와 서서 먹는 스탠딩 뷔페(standing buffet)로 구분되는데 스탠딩 뷔페는 서 있는 자세에서 자유롭게 이동하면서 식사를 하므로 수프(soup) 요리가 없으며, 대부분 한 입에 먹을 수 있도록 커트되어 있으므로 나이프(knife)가 제공되지 않는다는 점에 유의할 필요성이 있다.

(2) 뷔페를 먹는 매너의 실제

• 음식을 뜰 때는 양식의 풀코스 순서대로 한다.
• 양식의 풀코스 순서대로 먹기 힘들 때는 찬 음식 - 따뜻한 음식 - 디저트로 구분하여 뜬다.
• 음식은 적당량을 보기 좋게 담는다.
• 아무리 좋아하는 음식이라도 집중적으로 그것만 먹지 않는다.
• 음식을 먹으면서 다니거나 남기는 것은 매너에 어긋난다.
• 음료를 가지러 가는 것은 남성이 한다.

- 같이 식사하는 사람들과의 보조를 맞춘다.
- 뷔페 음식을 싸가지고 나오지 않는다.

5 와인과 브랜디

5.1 와인을 마실 때

(1) 와인의 의의

서양의 식탁에는 와인이 곁들여 진다. 와인은 색에 의하여 화이트 와인(white wine), 레드 와인(red wine), 로제 와인(rose wine)으로 분류된다. 일반적으로 육류에는 레드 와인, 생선류에는 화이트 와인을 마시지만 반드시 지켜지는 것은 아니다. 샴페인(Champagne)은 와인에 탄산가스를 넣어둔 채 숙성시킨 술이다. 식탁에서 샴페인을 마실 때는 흔들어 소리를 내게 해서는 안 되고, 거품이 넘쳐 흐르지 않도록 조용히 오픈해야 한다.

(2) 와인을 마시는 매너의 실제

- 와인의 테스팅(tasting)은 남성이 하는 것이다.
- 웨이터가 와인 테스팅을 권하면 가장 먼저 색을 보고, 향을 맡은 다음, 입 안에 한 모금 넣고 맛을 음미한다.
- 색은 화이트 와인은 담황색, 레드 와인은 석류 빛일수록 양질이다.
- 향은 은은하고 향기로운 냄새가 나는 것이 양질이다.
- 맛은 마시고 난 후 얼마동안 입안에 뒷맛이 남는 것이 양질이다.
- 와인은 종류에 따라 사용하는 글라스가 따로 있다.

〈그림 8-4〉 와인 잔

- 샴페인은 과음하지 않는다.
- 웨이터가 와인을 글라스에 따를 때 잔을 들어 올리지 않는다.
- 와인 잔을 쥘 때는 긴 목(stem)을 잡는다.
- 와인을 직접 따라 마시지 말고 웨이터로부터 서빙 받는다.
- 와인은 잔에 6부 정도 서비스하므로 더 채워달라고 하지 않는다.
- 잔에 와인이 6부 이하로 줄면 웨이터가 자동 리필해 준다.
- 요리와 와인은 따로 먹고 마셔야 한다.
- 글라스에 루즈 자국이 묻었다면 냅킨으로 살짝 닦아내어도 무방하다.
- 와인을 마시고 난 후에 잔은 원래의 위치에 놓아야 한다.
- 화이트 와인과 샴페인은 6℃ 정도 차게 해서 마시고, 레드 와인은 실온 상태인 18℃ 정도로 마신다.
- 레드 와인을 마시고자 할 때는 사전에 예약 주문하는 것이 좋다.

〈그림 8-5〉 와인 테스팅

색을 본다. 향을 맡는다. 한모금 입에 넣어 맛을 음미한다.

5.2 브랜디(꼬냑)를 마실 때

(1) 브랜디의 의의

브랜디(brandy)는 식후주(After Dinner Drink)이다. 브랜디는 식후의 소화촉진 뿐만 아니라 특유의 풍부한 무드가 식후의 여유 있는 기분에 잘 조화되는 술이다. 그리고 거의 모든 주류가 산성식품인 곡류를 원료로 하고 있지만, 브랜디만은 알칼리성 식품인 포도를 원료로 제조하는 유일한 증류주라는 특성을 가지고 있다. 꼬냑(Cognac)이란 프랑스 꼬냑(Cognac) 지방에서 생산된 브랜디를 말한다. 따라서 프랑스 꼬냑 이외의 지역이나 국가에서 생산된 브랜디는 '꼬냑' 이라는 명칭을 사용할 수 없다.

브랜디는 섬세한 과정을 거쳐 제조되는 술이기 때문에 그 음주방법도 독특하다. 브랜디는 위스키와 같은 증류주이지만 눈으로 색을 감상하고, 코로 향기를 맡은 다음, 혀끝으로 천천히 음미하며 마시는 술이라는 점에서 와인을 마시는 법과 유사하다. 브랜디는 라벨에 등급을 표시하는데 그 내용은 다음 표와 같다.

〈표 8-3〉 브랜디의 등급과 숙성기간

<table>
<tr><th>라벨 표기</th><th>품질등급</th><th>숙성기간</th></tr>
<tr><td>V.S(Very Superior)</td><td>☆☆☆</td><td>5~9년</td></tr>
<tr><td>V.O(Very Old)</td><td>☆☆☆☆</td><td rowspan="3">12~20년</td></tr>
<tr><td>V.S.O(Very Superior Old)</td><td>☆☆☆☆</td></tr>
<tr><td>V.S.O.P(Very Superior Old Pale)</td><td>☆☆☆☆</td></tr>
<tr><td>Napoleon</td><td>☆☆☆☆☆</td><td rowspan="3">20~50년</td></tr>
<tr><td>X.O(Extra Old)</td><td>☆☆☆☆☆</td></tr>
<tr><td>X(Extra)</td><td>☆☆☆☆☆</td></tr>
</table>

■ 브랜디 제조회사마다 등급규정과 숙성기간이 다름. 상기표의 숙성기간은 일반적인 평균을 의미함

(2) 브랜디를 마시는 매너의 실제

- 브랜디를 마실 때는 스트레이트로 마셔야 한다.
- 위스키처럼 물을 타거나 얼음을 넣어 마시지 않는다.
- 식후에 한잔에서 세잔 정도까지가 적당하며, 위스키처럼 병 채로 한자리에서 모두 비우는 술이 아니다.
- 브랜디의 글라스는 아래가 넓고 위쪽이 좁은데 그것은 향기를 오랫동안 보존하기 위해서이다.
- 브랜디 글라스의 손잡이가 짧은데 그것은 손가락을 끼워 잔을 감싸고 체온을 전달하면서 마시기 위함이다.

〈그림 8-6〉 브랜디 잔을 잡는 법

6 칵테일 리셉션(파티)

6.1 칵테일 리셉션(파티)에서 남성 복장

칵테일 리셉션이나 파티에 초청을 받았을 때 초대장에 복장에 대한 언급이 있으면 그에 준하는 예복을 입어야 한다. 그러한 조항이 없다면 일반 비즈니스 슈트의 정장차림으로 참석해도 무방하다. 파티에서 요구되는 예복으로는 연미복과 턱시도를 들 수 있다.

(1) 연미복(tail coat)

야간에 입는 정식예복으로 공식 만찬회 및 리셉션, 무도회, 음악회, 야간 결혼식 등에 입는데 나비타이, 조끼, 장갑을 흰색으로 착용하는 것이 특징이다. 연미복을 화이트 타이(white tie)라고 부르기도 한다. 만약 파티의 초대장에 'White Tie' 라고 적혀 있으면 반드시 연미복 차림을 하라는 뜻이다.

상의는 검정색 모직으로 뒷부분이 제비의 꼬리처럼 내려온 것을 입고, 바지는 상의와 같은 색상과 재질로 바지의 바깥쪽에 줄이 있는 것을 입는다. 조끼는 요철무늬가 있는 백색 면직물을 입는 것이 좋으며, 셔츠는 백색 면제품에 칼라를 세운 것을 입고 커프스버튼을 하는데 특히 조끼의 단추와 커프스단추 그리고 셔츠의 단추를 진주와 같은 보석으로 세트화 시켜야 한다. 타이는 실크나 면으로 된 흰색 나비타이를 매고, 포켓칩은 흰색 마직으로 한다. 모자는 실크 해트를 쓰고 장갑은 흰색 가죽 장갑을 착용하는데 야간 연회시에는 모자와 장갑을 클로크 룸(cloak room)에 보관하는 것이 좋다. 구두는 검정색 에나멜, 양말은 검정색 견직물을 신는다.

(2) 턱시도(tuxedo)

야간의 각종 파티나, 콘서트, 유람선 만찬(연미복은 배 위에서는 입지 않는다.) 등에서 입는 준 예복인데 서양에서는 필수품으로 대중화되어 있고, 오후 6시 이전에는 입지 않는 정장이라는 뜻에서 'After Six' 라고도하며, 영국에서는 저녁 식탁에 나올 때 입는 복장이라고 하여 'Dinner Jacket' 이라고도 한다. 만약 파티의 초대장에 'Black Tie' 라고 적혀 있으면 턱시도 차림을 하라는 뜻이다.

상의는 연미복의 꼬리를 잘라버린 형태의 검정색 모직으로 입고, 바지는 상의와 같은 색상과 재질로 바지의 바깥쪽에 줄이 있는 것을 입는다. 조끼는 상의와 같은 재질의 검정색을 착용하는 것이 정식이나 조끼대신 검정색의 커머밴드(cummerbund : 폭이 넓은 장식 허리띠)를 하기도 한다. 셔츠는 턱시도 전용이나 흰색의 골 무늬가 있는 것, 그리고 셔츠 칼라를 꺾어 넘기도록 되어 있는 것을 입고 소매에 커프스를 한다. 단추는 연미복처럼 엄격하지 않다. 타이는 검정색 나비타이를 매고, 포켓칩은 흰색 마직물로 한다. 구두는 검정색 에나멜, 양말은 검정색 견직물을 신는다.

〈그림 8-7〉 연미복과 턱시도

6.2 칵테일 리셉션(파티)에서 여성 복장

여성의 예복은 남성의 예복처럼 복잡하거나 규격화되어 있지 않지만 이브닝 드레스(evening dress)와 애프터눈 드레스(afternoon dress)로 구분할 수 있다.

(1) 이브닝 드레스(evening dress)

남성의 연미복에 상응하는 것으로 정식 야간 복장이다. 옷은 소매가 없거나 아주 짧고 앞가슴이 많이 파진 형의 실크류에 밝고 화려한 색상이 좋다. 모자는 쓰지 않으며, 구두는 옷과 같은 색 또는 유사한 디자인을 선택하는 것이 좋고, 핸드백은 가죽제품이 아닌 것으로 소형이어야 한다. 그 외 귀걸이, 목걸이 등의 액세서리는 개인의 취향대로 하되 우아한 것이 좋다.

(2) 애프터눈 드레스(afternoon dress)

남성의 모닝코트나 색코트에 상응하는 것으로 옷은 울(wool)로 된 것이 좋은데 스포티하지 않아야 되고, 스웨터나 블라우스는 금물이며, 색상은 무관하다. 모자는 우아하고 장갑은 길지 않은 흰 가죽이 좋은데 식사 시는 벗어야 한다. 핸드백은 크지 않고 빛이 번쩍이지 않는 가죽제품이 좋다. 구두는 스포티한 것만 제외하고 옷의 색상과 어울리는 것을 신는다. 그 외 귀걸이, 목걸이 등의 액세서리는 개인의 취향대로 하되 우아한 것이 좋다.

6.3 칵테일 리셉션에서의 매너

(1) 칵테일 리셉션의 의의

칵테일 리셉션은 디너 전의 칵테일 리셉션(pre-dinner cocktail reception)과 디너를 겸한 리셉션이 있다. 디너 전의 칵테일 리셉션은 디너 장 앞의 복도(foyer)나 별실을 이용하여 개최하는데, 음식은 간단한 오드볼 정도 즉 카나페, 치즈, 스낵, 야채스틱 등이 나온다. 디너 전의 칵테일 리셉션은 디너 시간 전에 먼저 온 사람이 가볍게 칵테일 등의 술을 마시면서 디너 시간 입장 전까지 서로 인사를 하거나 담소를 나누다가 디너 시간이 되면 일제히 안으로 들어가 좌석에 앉게 된다. 디너를 겸한 칵테일 리셉션은 스탠딩 뷔페의 형태를 띠게 된다.

(2) 칵테일 리셉션 매너의 실제

- 디너 전 칵테일 리셉션이 있을 경우 니더 시간 전에는 디너 장소에 들어가지 않는다.
- 사전에 좌석이 배정되어 있다면 입구에 부착된 좌석 배정표를 보고 위치를 확인한다.
- 디너 전 칵테일 리셉션에서는 술을 과음하지 않는다.
- 자신이 먹은 잔 등을 아무 곳에 놓아두지 않는다. 바(bar)에 갖다 주던지 아니면 서빙하는 웨이터에게 전달한다.
- 칵테일 리셉션에서 다리가 아프다고 아무 곳에 걸터앉지 않는다.

- 칵테일 리셉션에서는 술과 음식보다는 그 자리에 모인 사람들과의 대화에 관심을 둔다.
- 친한 사람들끼리만 모여 대화를 하지 않는다.

(3) 칵테일을 마시는 요령

칵테일은 술과 음료, 술과 술을 섞은 것으로 맛, 향, 색이 조화가 된 술로서 눈과 분위기로 마시는 술이다. 또한 식전, 식중, 식후에 마시는 칵테일이 구분되는데, 식전에 마시는 칵테일은 대부분 드라이(dry)하고 식후에 마시는 칵테일은 스위트(sweet)하다고 할 수 있다. 구체적으로 마시는 요령은 다음과 같다.

- 칵테일은 대부분 얼음을 넣어 조주하므로 잔 바깥으로 물기가 흐를 수 있다. 따라서 칵테일 리셉션은 스탠딩이므로 종이 냅킨을 감싸고 마신다.
- 칵테일은 잔의 목을 잡아야 한다.
- 칵테일은 표준 레시피가 정해져 있지만 취향에 따라 연하게 또는 진하게 요청할 수 있다.
- 칵테일 잔에 곁들어지는 올리브, 체리, 레몬 등의 과실류 장식은 먹어도 되고 그냥 놓아두어도 무방하다.
- 레몬조각은 즙을 짜서 뿌려도 되고, 그냥 띄워서 향기를 음미하면서 마셔도 된다.

제9장

세계 각국 문화와 관습의 이해

1. 세계 각국 문화와 관습의 이해
2. 세계 각국의 문화와 관습 실제

제9장

세계 각국 문화와 관습의 이해

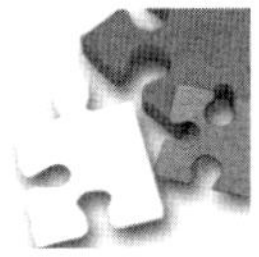

1 세계 각국 문화와 관습의 이해

비교문화연구가인 브룩스 피터슨은 그의 저서 〈문화지능 ; Cultural intelligence〉에서 다양한 문화권에 속한 사람들과 함께 일하는 글로벌시대에 일상생활과 비즈니스에서 문화적 충격 없이 어울려 일할 수 있는 방법을 소개하였다. 그는 문화는 '빙산'과 같다고 주장하면서 '수면 위 빙산 문화'로서 언어, 건축, 음식, 인구, 음악, 의복, 문학과 예술, 생활의 속도, 감정표현, 몸짓, 여가활동, 눈맞춤, 스포츠를 예로 들었다. 반면에 '수면 아래의 빙산 문화'로는 가치관 즉 시간관념, 개인이 사회에 적응하는 방식, 리더에 대한 견해, 인간 본성에 대한 믿음, 대인관계 규칙, 노동과 직업의 중요성, 성취동기, 변화에 대한 수용, 체면과 조화의 중요성, 의사소통방식, 남녀 성 역할에 대한 기대치 등을 예로 들었다.

그는 문화지능을 이해하는 데 있어서 빙산 아랫부분에 해당하는 가치관에 유념할 것을 지적하였다. 즉 빙산의 윗부분이 아무리 흥미롭더라도 빙산의 약

80%는 물속에 잠겨있는 것과 마찬가지로 문화의 중요도 측면도 80% 정도는 눈에 보이지 않는 곳에 있으며, 그곳은 대게 문화의 무의식적 특성이라고 하였다. 따라서 그는 문화지능을 '자신과 교류하는 상대의 문화적인 가치기준과 태도에 적절하게 반응할 수 있는 기술(언어능력이나 대인관계기술)과 자질(모호함을 견뎌낼 수 있는 정도나 융통성) 등을 발휘하여 행동할 수 있는 능력' 이라고 정의하였다. 이와 같이 세계 각국의 문화를 이해하는데 있어서 수면 위의 빙산에만 집착하지 말고, 수면 아래에 잠재해 있는 깊숙한 문화를 이해할 수 있는 능력을 가질 때 진정한 문화의 이해라고 할 수 있다.

2 세계 각국의 문화와 관습 실제

2.1 아시아권 문화와 관습

(1) 일본

일본인들은 친절과 인사가 몸에 배어 있고 "감사합니다."와 "미안합니다." 라는 말이 생활화되어 있다. 만나는 사람마다 항상 친절과 인사를 잊어서는 안 되고 특히 인사를 할 때는 가능한 낮게 굽히는 것이 좋다. 또한 선물하는 것도 생활화되어 있는데 약속된 만남이나 방문 시에는 사전에 준비해 두어야 한다.

명함은 악수하기 전에 교환하고 악수는 살짝 잡는 것이 좋으며, 상대방과 아무리 친해도 어깨동무를 하는 행위는 동성애자로 오해를 받을 수 있으므로 삼가야 한다. 술을 마실 때는 건배를 한 후 마시게 되는데 술을 못 마시는 사람도 잔을 입에 갖다 대는 것이 예의이다. 건배를 할 때는 잔을 자신의 눈높이 정도 올리면 되고 굳이 잔끼리 부딪칠 필요는 없다. 술은 무리하게 권해서는 안 되고 술잔을 다 비우지 않아도 첨잔해 주는 것이 매너이다. 잔을 들 때는 남성은 한 손으로 하여도 무방하지만 여성은 왼손을 받쳐 들어야 한다.

일본인과 비즈니스를 할 때는 이중적 심리구조를 잘 파악해야 한다. 즉 본심과 속마음이 다르다는 것이다. 따라서 같은 말이라도 듣기 좋아하라고 하는 말인지 본심인지를 잘 파악해야 한다.

(2) 중국

중국인들은 중화사상이라는 민족적 우월성을 가지고 있으며 체면과 자존심을 중시하고 한번 맺은 신의는 저버리지 않는다. 그들은 작은 일에도 박수를 잘 치고 역사와 문화, 경제발전에 관심이 많으며 정치에 관한 화제는 싫어한다. 또한 그들은 짝수를 선호하여 축의금, 용돈, 선물은 짝수 또는 한 쌍을 주며, 부의금은 홀수로 한다. 특히 숫자 중에서는 4를 꺼린다. 숫자 사(四 : 중국어로 Si)는 죽을 사(死 : Si)와 발음이 같기 때문이다.

중국인과 비즈니스를 할 때 주의할 점은 체면과 자존심을 건드려서는 안 되며 먼저 인간적으로 가까워지려고 노력한 다음 서서히 사업 이야기를 들어가야 한다. 서구식으로 곧장 사업 이야기로 들어가면 실패할 확률이 높다.

(3) 인도

대가족이 중심이 된 사회이므로 인간관계를 중시하고 포용력이 강하다. 남성과 여성은 서로 몸을 잘 접촉하지 않으며 시간 약속을 잘 지키지 않는 면이 있다. 사원에 들어갈 때는 신을 벗고 들어가야 하며 외국인의 출입을 거부하는 경우도 있다.

(4) 말레이시아

대부분의 동남아 국가와 마찬가지로 아무리 귀여운 아이라도 머리를 쓰다듬지 말아야 한다. 머리에 정령이 있고 손은 더럽고 세속적인 것을 의미한다. 또한 물건을 주고받거나 악수할 때도 오른손으로 해야 한다. 왼손은 불손한 손으로 여기기 때문이다. 악수는 대부분 국제적 적정한 힘을 주어야 하는데 말레이시아식 악수는 가볍게 손바닥이 닿는 정도이다.

(5) 싱가포르

싱가포르는 다민족 복합문화를 가지고 있으므로 이민족, 이교도에 대한 배타심은 거의 없지만 세계적으로 청결을 자랑하는 국가이고 공중질서와 법이 엄격하다. 특히 거리에서 무단횡단을 하거나 휴지, 쓰레기, 담배꽁초를 버리다가 적발되어 유죄판결을 받으면 벌금을 내야 한다. 심지어 화장실에서도 물을 내리지 않으면 벌금을 내야 한다. 담배는 집안이나 지정장소가 아닌 곳에서 피우지 말아야 하고, 껌의 반입과 껌을 씹는 것도 법으로 금지되어 있으며, 마약소지자는 외국인이라도 사형을 받는다. 싱가포르에서의 주요 벌금규정은 다음과 같다.

- 흡연구역 이외에서 흡연 시 : $ 1,000
- 휴지 등 쓰레기 투기 : $1,000
- 공공 화장실에서 물을 내리지 않을 경우 : $150

그리고 싱가포르에서는 허리에 손을 올리는 등의 행동은 화가 났다는 표시이므로 주의해야 하며, 일상생활이나 필요한 대부분은 오른손을 사용해야 한다.

(6) 태국

대부분의 국민이 불교신자인 태국인들은 매우 낙천적이고 정직하며, 무사안일적이고 명예로운 행사를 좋아한다. 그들은 논리보다 감정이 앞서지만 쉽게 잊어버린다. 태국인들은 머리를 가장 신성시하여 머리를 만지는 것을 가장 싫어한다.

불교국가인 까닭에 인사를 할 때는 악수를 하지 않고 합장을 한다. 이 합장 인사법을 와이(wai)라고 하며 생활최고의 규범이자 존경이나 고마움의 표시이기도 하다. 상위자가 하위자에게 와이를 할 때에는 양손을 합장하되 머리를 숙이지 않는다. 같은 서열이거나 서열을 서로 모를 때는 양손 끝이 목 근처로 올라오되 코 높이를 넘지 않도록 한다. 하위자가 상위자에게 인사를 할 때는 하위자가 먼저 합장을 하고 동시에 머리를 숙이는데 이때 손끝은 코 높이까지 올라간다.

특히 승려에게 손가락질이나 혹은 몸에 손을 대는 일이 있어서는 안 되고 여자의 옷깃이 승려의 몸에 닿아서도 안 된다. 사찰 방문시에는 민소매, 반바지, 짧은 스커트 차림이 허용되지 않는다. 아침저녁으로 두 번 정도 국가연주를 하는데 이때는 관광객이라도 부동자세를 취해주는 것이 좋다.

(7) 사우디아라비아

사우디아라비아는 이슬람 국가로서 종교행위가 사회전반에 생활화되어 있다. 매일 오전 2시부터 오후 3시까지 매회 30분 정도 5회 실시되는 기도시간에는 회사나 상점들의 영업행위가 중단되고 라마단(금식) 기간에는 외국인들도 집안을 제외한 공공장소에서 담배, 음식물 섭취 등의 행위가 금지되어 있다.

일상생활에 있어서도 매춘, 음주, 돼지고기 섭취는 금기되어 있다. 손을 잡는 행위는 우정과 존경의 표시이다. 사우디아라비아를 비롯한 아랍인들은 구두 밑창을 보는 것은 불쾌감의 표시이다.

2.2 비 아시아권의 문화와 관습

(1) 미국

미국인들은 세계 일등국가로서의 자부심이 강하며, 개척정신과 개인적인 성향이 강한 자유분방한 나라이다. 비록 풍요로운 생활을 하고 있지만 인종차별이 심하고 빈부의 격차가 큰 나라이기도 하다. 미국에서 약속을 할 때는 주말과 휴일, 식사시간을 피해야 되고, 반드시 사전 약속에 의한 방문이 이루어져야 한다.

여성을 존중하는 사상이 몸에 배어 있고, 좋아하는 화제는 날씨, 스포츠 등이며 싫어하는 화제는 인종문제이다. 특히 미국에서 나이를 묻는 건 엄청난 실례이다. 미국인들은 시간관념이 엄격하며 매사에 실리적이고, 상담할 때는 곧바로 본론으로 들어가기를 선호한다. 레스토랑에서의 손님접대는 공식적인 경우에만 한하고 일상적인 경우 대부분 집으로 초대해서 파티를 즐긴다. 동성끼리 손을 잡거나 팔짱을 끼고 다니면 동성애자로 간주한다.

(2) 프랑스

프랑스는 예술, 역사, 언어, 교육제도에 관하여 강한 자부심을 가지고 있다. 좋아하는 화제는 문화, 음식, 스포츠이며, 싫어하는 화제는 정치, 돈, 가격, 사적인 질문 등이다. 악수를 할 때는 비교적 가볍게 손을 잡는다. 프랑스에서는 OK사인을 가치가 없다는 뜻을 말한다.

(3) 독일

독일인들은 경제부흥에 자부심을 가지고 있고, 근면과 성실의 미덕을 가지고 있다. 비즈니스상에서 서열을 중시하고 시간관념이 매우 철저하다. 상담은 식사 후에 하는 것이 관례이며 악수는 비교적 강하게 하는 편이다. 일반 국민들은 외국인에게 매우 친절하고 상냥하지만 일부 극우파들은 배척하므로 조심해야 한다. 특히 경미한 교통사고라도 책임소재를 분명히 따지기 때문에 무심코 미안하다고 말하면 잘못을 시인하게 된다.

(4) 이탈리아

이탈리아인들은 과시적이고 감정적이며 제스처가 크고 강렬하다. 화가 나더라도 직접적인 표현보다는 간접적으로 표현하는 경우가 많으며, 다정다감하고 창조성이 요구되는 예술적인 방면에 뛰어난 자질을 가지고 있다. 그러나 이들은 외견상 배타성이 없으나 눈에 보이지 않는 배타성이 강하다.

또한 이들은 외견상으로 나타나는 외모나 체면을 중요시하고 품위와 인격으로 사람을 평가하기도 한다. 좋아하는 화제는 축제, 축구이며, 싫어하는 화제는 정치, 종교, 마피아 등이다. 이탈리아인들은 별 재미없거나 꺼져버리라는 의미로 턱을 두드리기도 한다.

(5) 그리스

그리스에서는 사전 약속이 중요하며, 가능하면 'NO' 라는 대답을 하지 않는 것이 좋다. 좋아하는 화제는 스포츠, 음악, 그리스 문화이며 싫어하는 화제는 키프로스, 터키, 미국의 정치외압 등이다. 손바닥 전체를 위아래로 흔드는 행위는 미국에서는 잘 가라는 인사, 유럽에서는 'NO' 라는 표시이지만 그리스에서는 상대방을 모욕하는 의미가 된다. 머리를 위아래로 끄덕이는 것도 거의 모든 나라에서는 'YES' 의 의미이지만 그리스와 불가리아에서는 'NO' 라는 의미이다.

(6) 러시아

러시아인 대부분은 비교적 조용하고 평화적이며, 인정이 많고 관용적이지만 자존심이 강하다. 또한 체면을 중시하고 참을성이 강하며 대가족제도를 선호한다. 인사를 할 때는 악수와 이름을 밝히고 친구 간에는 포옹과 볼에 키스를 하기도 한다. 경로사상이 강하여 연장자가 식사를 하기 전에는 미리 식사를 하지 않는다.

비즈니스상에서 원만한 대화를 위해서는 자기소개를 먼저하고 협상에 들어가야 하며, 상담할 때 엄격한 조건 제시는 금물이다. 특히 바이어에게는 휴대폰 전화를 물어보지 않는 것이 좋다. 왜냐하면 러시아에서는 휴대폰을 받는 사람도 요금을 지불해야 하며, 대부분의 회사들이 휴대폰 요금을 지원하지 않아 개인비용으로 처리해야 하기 때문이다. 따라서 바이어의 휴대폰 번호를 안다고 해도 허락없이 전화하는 것은 실례이다.

(7) 스위스

프랑스, 독일, 이탈리아의 영향을 많이 받았지만 독립성과 역사와 문화생활 등에 자부심이 대단하다. 언어는 영향을 받은 나라의 3개 국어 외에 영어도 구사한다. 시간 엄수와 예절을 중시하고 술을 마실 때는 '건강을 위하여' 라고 외치곤 한다. 좋아하는 화제는 스포츠, 전통역사, 여행, 정치이며, 싫어하는 화제는 연령, 직업, 가정 등이다.

(8) 네덜란드

네덜란드는 더치페이(Dutch pay)의 원조나라이다. 커피를 같이 마셔도 계산은 각자하며, 생일에 초대를 받아도 자기가 먹은 것을 더치페이한다고 한다. 선물을 할 때는 꽃을 많이 사용하는데 꽃송이는 홀수(3, 5, 7 등)로 하는 것이 관습이다.

(9) 영국

영국의 공식 명칭은 'The United Kingdom Great Britain and Northern Ireland'이다. 일반적으로는 'United Kingdom(UK)'이나 'Great Britain' 또는 'England'로 축약하여 부른다. 그러나 이러한 호칭은 구별하여 사용해야 하는데, 잉글랜드, 웨일즈, 스코틀랜드를 합친 것이 'Great Britain'이며, 여기에 북 아일랜드를 합친 것이 'United Kingdom(UK)'이다. 따라서 영어에 해당하는 잉글리쉬(English)는 잉글랜드만을 지칭하는데 그 외 지역의 사람은 기분 나빠할 수 있으므로 잉글랜드 이외의 지역에서는 브리티쉬(British)라고 쓰는 것이 좋다.

일상생활에서 주요 관습을 살펴보면 처음 또는 어제 만난 사람과는 또 다시 악수를 하지 않고, 모임에는 정해진 시간에 도착하되 일찍 가거나 늦게 가는 것은 실례이며, 남자에게는 꽃을 선물하지 않는다. 그리고 에스컬레이터에서는 오른쪽에 서서 급한 사람이 왼쪽으로 가도록 배려한다.

(10) 뉴질랜드

뉴질랜드 국민은 전반적으로 친절하고 자존심과 보수성이 강하다. 또한 개인주의 의식이 생활화되어 있으며 질서의식이 강하고 규칙적인 생활습관이 몸에 배어 있다. 처음 또는 오랜만에 만날 때는 악수를 하고, 친밀한 사이에는 뺨에 가벼운 키스를 교환한다. 손가락으로 사람을 가리키는 것은 실례이며 상대방의 이야기를 경청하는 태도가 중요시된다. 그들은 스포츠와 레저 활동을 즐기며 외국인이나 다른 종교에 대하여 특별한 차별이나 배타성이 없다.

(11) 호주

호주 사람들은 엄격한 관습도 많지 않고, 관습에 대해서도 격식을 차리지 않는 편이다. 또한 예의를 차린다고 기다리면 안 된다. 만약 그렇게 하면 끝까지 기다리기만 하는 상황이 발생할 수도 있다. 특이한 것은 택시를 탈 때 혼자이면 앞 좌석에 앉아야 한다. 호주인들은 계급구조를 싫어하기 때문에 손님이 혼자이면서 뒷 좌석에 앉으면 불쾌하게 생각한다.

(12) 브라질

가톨릭 문화권으로 축구를 좋아하고, 축제를 즐기는 나라이며, 음악과 활기찬 대화를 오래 즐긴다. 결혼 전에는 성이 개방되어 있으나 결혼 후에는 가정에 충실하고 건전한 편이다. 상대방이 좋아하는 축구팀을 비방하는 것은 금기시 되어 있고 좋아하는 화제 역시 축구이다. 대화 중에 끼어드는 것은 간섭이 아니라 열정적으로 생각하는 것으로 간주하고 농담과 격식 없는 우정을 나누기도 한다.

보신탕을 먹다가 적발되면 추방되며, OK를 손으로 사인하는 것은 외설적인 표현이므로 삼가야 한다.

(13) 멕시코

남아선호사상이 강하며 남의 집을 방문하거나 초대를 받았을 때는 선물을 하는 것을 잊어서는 안 된다. 좋아하는 화제는 문화, 역사, 예술, 박물관이며 싫어하는 화제는 지진, 빈곤 등이고 자주색은 죽음을 상징하므로 싫어한다. 멕시코인들은 아직도 순수하고 인디오의 기질이 있으나 지나치게 민감해서 평소에 친분관계를 유지하다가도 금전적인 문제가 대두되면 등을 돌리는 경우가 있다. 또한 그들은 'NO'라는 대답을 잘 하는 편이 아니므로 확실한 대답을 얻기 힘들며, 낙천적인 성격으로 인하여 약속시간이 조금 늦어도 개의치 않는다. 그리고 멕시코 인디언들은 사진을 찍으면 혼을 빼간다고 생각하기 때문에 사진 촬영할 때는 신중을 기해야 한다.

✽참|고|문|헌

강상구(2014). 1년만 미쳐라, 좋은책만들기

브룩스 피터슨(2004). 문화지능(현대경제연구원 역), 청림출판

이석현 · 김종규 · 임형선(2002). 현대 칵테일과 음료이론, 백산출판사

이선희 · 이재만(2000). 해외여행길라잡이, 기문사

이정학(2012). 주류학개론 2판, 기문사

______(2014). 서비스경영 4판, 기문사

______(2014). 호텔식음료실습, 기문사

______(2014). 호텔객실실무, 기문사

______(2015). 호텔경영의 이해 3판, 기문사

이형철(1999). 글로벌에티켓 글로벌매너, 에디터

정 은(2008). 프리젠테이션을 위한 화법, 삼성 매거진

타니아 리(2008). 5분 스피치에 내 모든 것을 걸어라, 미래지식

동아일보사(1999). 매너가 경쟁력이다

신라호텔 서비스교육센터(1999). 현대인을 위한 국제매너, 김영사

하얏트호텔 식음료 매뉴얼

저 자 소 개

■이 정 학

- 동아대학교 관광경영학과 졸업(1987년)
- 동아대학교 경영대학원(관광경영전공) 수료 경영학석사(1999년)
- 동아대학교 대학원 관광경영학과 박사과정 수료 경영학 박사(2003)
- Hyatt Regency Pusan(특1급) 양식당/연회예약 계장(1988-1991년)
- 경주콩코드호텔(특1급) 판촉부 부산사무소 소장(1992-1995년)
- 해운대그랜드호텔(특1급) 판촉홍보부 과장(1995-1997년)
- 경주현대호텔(특1급) 마케팅파트 부산사무소 소장(1998-2000년)

現) 울산과학대학교 교수(E-mail : leejh@uc.ac.kr)

[수상경력]

- 동아대학교 경영대학 학술논문 발표대회 최우수상 수상(1985년)
- 경기대학교 주최 전국 대학생 관광학술논문 발표대회 우수상 수상(1985년)
- 문교부후원 제10회 전국 대학생학술연구대회 사회과학분야 장려상 수상(1985년)
- 세계 관광의 날 경상북도 관광협회 표창장 수상(1994년)
- 2008 관광의 날 문화체육관광부장관 표창장(관광진흥유공자) 수상(2008년)

[저 서]

- 호텔식음료실무론, 기문사, 1998
- 서비스 경영, 기문사, 2001, 2판(2006), 3판(2009), 4판(2013)
- 국제매너, 기문사, 2001
- 호텔경영의 이해, 기문사, 2002, 2판(2008), 3판(2010), 4판(2015)
- 관광마케팅, 기문사, 2003, 2판(2008), 3판(2015)
- 호텔식음료실습, 기문사, 2004, 2판(2008), 3판(2012)
- 주류학개론, 기문사, 2005, 2판(2012)
- 외식사업경영실무론, 대왕사, 2005, 2판(2011)

- 관광학원론, 대왕사, 2005, 2판(2010), 3판(2013), 4판(2015)
- 현대사회와 매너, 기문사, 2006
- 호텔연회관리론, 기문사, 2006
- 축제이벤트, 대왕사, 2008, 2판(2011)
- 에티켓과 매너, 기문사, 2009
- 서비스마케팅, 대왕사, 2009
- 문화관광의 이해, 대왕사, 2011
- 레저의 이해, 대왕사, 2012
- 가비에서 카페라떼까지(한국 커피와 다방의 사회문화사), 대왕사, 2012
- 호텔연회 & 컨벤션, 기문사, 2013
- 마케팅전략72계, 백산출판사, 2014
- 호텔객실실무, 기문사, 2014
- 의료관광학개론, 백산출판사, 2015
- 문화관광론, 대왕사, 2015

[기 타]

- 울산광역시 시정자문위원(문화관광분야)
- 울산광역시 문화관광해설사 선정 심사위원
- 울산 세계옹기문화엑스포 조직위원 역임
- 울산지역 각종 축제 자문 및 추진위원 역임
- 울산시 고래관광산업진흥기획단 위원
- 울산 시티투어 평가위원
- 동남권(부산, 울산, 경남) 관광협의회 위원 역임
- 동해안권(울산, 경상북도, 강원도) 발전 공동협의회 위원 역임
- 한국관광협회중앙회 정책자문위원 역임
- 울산관광수기공모전 심사위원 역임
- 관광통역안내사 자격시험 출제위원
- 울산광역시 생활권 발전협의회 위원

■김 정 옥

- 계명대학교 경영대학원 관광경영학과 졸업(관광경영학 석사)
- 계명대학교 경영대학원 관광경영학과 (관광경영학 박사과정)

現) 계명문화대학교 호텔항공외식관광학부 겸임교수
수성대학교 이미지메이킹 교양과목 외래교수
(주)푸덱스넷 이사/매너 컨설턴트
경북농민사관학교(6차산업 컨설턴트) & 프리젠테이션 전담교수

[공기업교육 경력]

- 한국도로공사 친절교육 이미지메이킹 교육
- 대구 · 경북 지방병무청 친절교육
- 대구 · 경북 공무원연수원 친절서비스 매너교육
- 대구도시철도공사 고객만족서비스 교육
- 경북관광개발공사 서비스마인드 교육
- 대구지방경찰청 이미지메이킹 교육
- 대구시민안전테마파크 교관 대상 고객안내 프리젠테이션 교수기법 교육

[산업교육]

- ㈜ LG 서비스센터(고개만족 서비스 & 이미지메이킹 교육)
- ㈜ 삼성전자(커뮤니케이션 기술과 조직관계 활성화 교육)
- ㈜ SL Corporation(신입사원 프리젠테이션 기획스킬 교육)
- ㈜ 코오롱 구미공장(창조경영과 변화혁신 리더십 교육)
- ㈜ 유한킴벌리(효율적인 커뮤니케이션 & 프리젠테이션스킬 교육)
- ㈜ 이수페타시스(자신감 넘치는 조직생활 이미지리더십 전사원 교육)
- ㈜ 한국델파이(조직활성화 변화혁신 리더십 교육)
- ㈜ JVM(임원 대상 효율적인 회의운영스킬 & 프리젠테이션스킬 교육)
- ㈜ 인컴멀티미디어스쿨(워드프로세서 자격증 온라인 사이버강의 프로젝트)
- ㈜ 평화산업 (글로벌 리더십의 구현 – 역할 모델(Role Model) 교육)
- ㈜ 책임테크툴 (고객만족 서비스 & 이미지 리더십 교육)
- ㈜ 평화발레오 (신입사원 조직활성화 및 팀워 활성화 리더십 교육)

[저 서]

- 관광정보실무, 기문사, 2004
- 관광정보서비스실무, 기문사, 2007
- 관광프리젠테이션실무, 기문사, 2014

에티켓과 매너

– 성공적인 대인관계를 위한 첫걸음 –

2016년 2월 29일 초 판 발행
2017년 2월 28일 1판 2쇄 발행

저 자 이정학 · 김정옥
발행인 한 인 환
발행처 도서출판 **기 문 사**
등 록 1978. 8. 9. NO. 6-0637
주 소 서울시 동대문구 안암로 50-1(용두동) 홍신빌딩 3층
전 화 02) 2265-7214/922-8662~8663
팩 스 02) 922-8772

homepage : www.kimoonsa.co.kr
e-mail : book@kimoonsa.co.kr

ISBN : 978-89-7723-709-4 13330

정가 : 15,000원